밸류에이션을 알면
10배 주식이
보인다

배터리 아저씨의
주식 투자 성공 제1원칙

밸류에이션을 알면 10배 주식이 보인다

박순혁 지음

VALUATION

10X

한국경제신문

나는 이렇게 밸류에이션했다

투자는 가치를 사는 것,
따라서 밸류에이션은 필수

2022년 6월 16일 〈서정덕TV〉에서 '에코프로 30배, 에코프로비엠 10배 간다'라는 제목의 방송을 했다. 솔직히 고백하자면 이 방송을 하면서도 두 종목이 불과 1년여 만에 이렇게 엄청난 상승을 기록할지 전혀 예상하지 못했다. 다만, 밸류에이션(기업의 가치를 판단해 적정 주가를 산정해내는 평가)이 너무나 매력적이었고 3년쯤 뒤에는 10배, 30배는 가야 적정 가격이 되지 않을까 하는 다소 막연한 관점의 얘기였다.

에코프로비엠에 관심을 갖게 된 건 금양의 류광지 회장님 말씀을 듣고서였다. 금양은 매월 첫째 주 토요일 부산 본사에서 팀장 회의를 하는데, 오전 8시 반부터 대략 12시까지 이어진다. 회의가 끝나면 회장님과 임원, 팀장들이 모여 점심을 같이하면서 상호 소통의 시간을 갖는다. 당시 IR(Investor Relations, 기업홍보) 담당 임원이어서 나도 참석했다.

2022년 5월, 팀장 회의 후 점심 식사를 마치고 '담배 타임'을 가졌는데 류 회장님이 이런 말씀을 하셨다.

"에코프로비엠이 이미 10배가 올랐지만, 앞으로도 10배는 더 오를 주식이다."

고등학교 선배이기도 한 류 회장님은 서울증권(현 유진투자증권)에서 회사 생활을 시작해 7년간 근무한 경력이 있다. 이후 경영인이 되어 20년째 기업을 훌륭히 이끌고 계신데, 과거 증권사 시절에도 뛰어난 증권맨으로 인정받았다는 사실을 동문들을 통해 익히 들어 알고 있었다. 그래서 그 말씀을 허투루 넘길 수 없었다. 서울로 돌아와서 면밀히 조사하고 검토해보니, 정말 에코프로비엠이 10배 갈 만한 회사라는 사실을 나도 확인할 수 있었다.

거기에 덧붙여 한 가지가 더 있다. 조사를 하던 중 에코프로비엠의 지분 45.58%를 보유하고 있는 에코프로가 에코프로비엠 지분 가치에도 못 미치는, 현저한 저평가 상태에 있다는 걸 알게 됐다. 더 조사해보니 리튬 사업을 하는 에코프로이노베이션, 전구체 사

〈도표 P-1〉 에코프로그룹의 주요 계열사 지분 구조

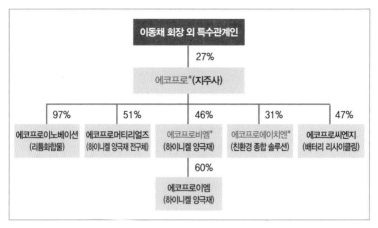

*는 상장사
자료: 에코프로 분기보고서, 2022년 3분기 기준

업을 하는 에코프로머티리얼즈, 폐배터리 사업을 하는 에코프로씨엔지, 양극재 등 생산에 필요한 가스 등을 제공하는 에코프로AP 등 알짜 비상장 자회사까지 다수 보유하고 있었다.

그래서 3년 들고 있으면 에코프로 30배, 에코프로비엠 10배는 충분히 가겠다는 생각으로 방송을 했다. 방송 당일 에코프로의 종가는 7만 5,000원, 에코프로비엠의 종가는 13만 865원(수정주가 적용)이었다. 이후 1년여가 지난 2023년 7월 26일 에코프로는 153만 9,000원, 에코프로비엠은 58만 4,000원을 장중 최고가로 기록했다. 불과 1년여 만에 에코프로는 21배, 에코프로비엠은 4.5배 오른 것이다. 실로 나조차 놀랄 만큼 대단한 예언이었다.

밸류에이션을 알면 10배 주식이 보인다

〈도표 P-2〉 에코프로(주봉, 2022~2023)

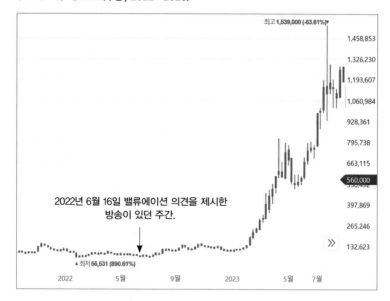

최고 1,539,000 (-63.61%)▼

1,458,853
1,326,230
1,193,607
1,060,984
928,361
795,738
663,115
560,000
556,492
397,869
265,246
132,623

2022년 6월 16일 밸류에이션 의견을 제시한
방송이 있던 주간.

▲ 최저 56,531 (890.61%)

2022   5월   9월   2023   5월   7월

〈도표 P-3〉 에코프로비엠(주봉, 2022~2023)

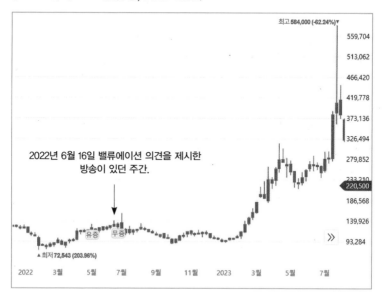

최고 584,000 (-62.24%)▼

559,704
513,062
466,420
419,778
373,136
326,494
279,852
233,210
220,500
186,568
139,926
93,284

2022년 6월 16일 밸류에이션 의견을 제시한
방송이 있던 주간.

유증   무증

▲ 최저 72,543 (203.96%)

2022   3월   5월   7월   9월   11월   2023   3월   5월   7월

나는 투자자의 관점에서 에코프로와 에코프로비엠의 밸류에이션을 평가해봤고, 제 가치에 비해 현저히 쌌기 때문에 언젠가는 오를 거라는 판단으로 얘기했을 뿐이다. 그 뒤에 일어난 일들은 독자 여러분도 잘 알 것이다. 이 책에서는 내가 밸류에이션을 한 과정을 비롯해 투자자라면 기업 분석을 할 때 반드시 던져야 하는 질문인 '가치란 무엇인가'를 바탕으로 다양한 밸류에이션 툴을 살펴본다.

투자자라면 반드시 알아야 할
위대한 기업 발굴법

워런 버핏(Warren Buffett)은 '가치투자는 동어반복'이라고 말했다. 그는 투자를 '주가라는 가격을 지불하고 그 기업의 가치를 사는 행위'로 정의했다. 가치를 사는 행위가 곧 투자이기 때문에 가치투자라는 말은 '역전앞'과 마찬가지로 불필요한 동어반복이라는 것이다.

우리나라에선 '가치투자'로도 모자라 '한국식 가치투자'라는 말까지 쓰는데 이는 정말 없어져야 할 용어다. 투자의 본질은 단 하나 '가격을 주고 가치를 사는 행위'이고, 이 외에 다른 것을 투자라고 할 순 없기 때문이다. 또한 미국에서의 투자와 한국에서의 투자, 중국에서의 투자가 각기 다를 이유 또한 없다. 투자의 본질은 시공간을 초월해서 오직 단 하나이기 때문에 투자 앞에 어떤 수식어가 붙을 이유는 없다.

'가치투자'라고 한정할 때는 이 외에 다른 형태의 투자가 있음을 의미한다. 흔히 말하는 모멘텀 투자, 단기 투자 등이 바로 그것이다. 그러나 이는 투자가 아니라 투기다. 투자는 좋고 투기는 나쁘다는 뜻이 아니다. 다만, 투자와 투기는 엄연히 다른 것이고 명백히 구분되어야 한다. 투자는 가치를 사는 단 하나의 방법이고, 그 외 모든 것은 모멘텀이든 단기든 수식어의 종류와 무관하게 투기에 속하며 철학과 접근법이 전혀 다른 별도의 방법이다.

투자, 영어로 'investment'는 가치에 비해 저렴하게 거래되는 가격에 사는 행위다. 당연히 '싸니까 산다'가 투자의 철학이자 접근법이다. 반면 투기, 영어로 'speculation'은 가격이 오를 것 같아서 사는 행위다. '오를 거라고 생각해서 산다'는 것이 투기의 철학이자 접근법이다. 당신이 투자 관점으로 주식을 샀는데 더 내려갔다면 '더 싸졌으니까 더 사야 할 것'이고, 투기 관점에서 주식을 샀는데 더 내려갔다면 '오를 줄 알았는데 안 올랐으니 손절해야 할 것'이다. 투자는 주식시장의 장기적 메커니즘, 즉 '증시는 장기로는 저울이다'라는 관점의 접근이고 투기는 주식시장의 단기적 메커니즘, 즉 '증시는 단기로는 인기 투표 기계다'라는 관점의 접근이다. 투자에서 가장 중요한 것은 밸류에이션이고, 투기에선 수급·모멘텀·차트 분석 등 다양한 방법이 활용된다. 어떤 전문가가 추천해서라든지, 왠지 오를 것 같아서라든지, 누군가가 내부정보라고 알려줬다든지 하는 이유로 주식을 사는 사람들도 있는데 이는 투자도 투기도 아닌 도박이다.

투자를 할지, 투기를 할지, 도박을 할지는 각자 선택의 영역이고 이는 개인의 자유다. 투자는 정의롭고 투기는 비도덕적이고 도박은 미친 짓인 건 아니다. 자유의지를 지닌 개인이 뭘 하든 본인이 책임만 지면 되지 옆에서 왈가왈부할 일은 아니다. 중요한 것은 주식을 통해서 돈을 버는 것이지 정의를 구현하는 것이 아니기 때문이다. 다만, 각각은 철학과 접근법이 엄연히 다르기에 자신이 셋 중 무엇을 하고 있는지를 명백히 구별하고 각각을 절대 섞지 말아야 한다는 것만 기억하고 지키면 된다.

전문가 누구의 말을 듣고 차트를 보니 왠지 오를 것 같아서 어떤 주식을 샀다고 치자. 이는 도박과 투기의 중간 어디쯤에 해당한다고 볼 수 있을 것이다. 이럴 경우에도 처음 살 때 얼마만큼 오르면 팔지, 얼마만큼 내려가면 손절할지를 결정해놓고 접근해야 한다. 기대와 다르게 주가가 하락했는데 손절매 라인도 정해놓지 않고 있다가 손실이 깊어진 이후에야 그 기업에 대해 공부하는 사람이 의외로 많다. 대충 공부하고서는 막연한 기대감에 '본전 오지 않으면 절대 팔지 않을 거야'라고 결심하면서 '나는 장기 투자자야'라고 하는 것보다 더 어리석고 유해한 일은 없다. 반대로 투자 관점으로 접근해서 '이 가격은 가치 대비 5분의 1밖에 안 되네'라고 생각해서 사놓고는 이후 주가가 내렸다고 불안해하거나, 20~30% 올랐다고 냉큼 팔아버리는 것 또한 어리석기는 마찬가지다.

어리석지 않은 투자자, 매일의 주가 등락에 전전긍긍하지 않는 현명한 투자자가 되려면 어떻게 해야 할까? 무엇보다, 가치를 알아보는 안목을 길러야 한다. 가치를 알아보려면 밸류에이션이 필수인바, 그 방법을 이 책에서 이야기하고자 한다. 간략한 증시 역사부터 투자계 현자들의 조언, 그리고 30년에 걸친 나의 경험을 넘나들며 밸류에이션과 관련한 다양한 이야기를 풀어갈 것이다. 이 책을 통해 진정한 가치에 대해 고민하고, 밸류에이션을 통해 위대한 기업을 발굴해내는 투자자가 많아지기를 기원한다.

| 4장 | 그들은 왜 이차전지를 외면했을까?

| 5장 | 사야 할 주식, 팔아야 할 주식

1장

투자자에게
가장 중요한 질문들

VALUATION

10X

지하금고 속의 서랍 겉면에 붙은 어떤 표시 때문에
미국의 통화 가치가 약화되었다고 믿는 연방준비은행의 생각과
돌에 칠한 어떤 표시 때문에 가난하게 되었다고 믿는
야프섬 주민들의 생각 사이에 실제로 차이가 있겠는가?

밀턴 프리드먼, 《화폐 경제학》

가치를 만드는 것은
무엇일까?

투자 과정에서 우리는 수많은 질문과 마주해야 한다. 사람마다 관점이 다르겠지만, 나는 그 긴 질문 목록 중에서 이것이 가장 중요하다고 생각한다.

'가치란 무엇일까?'

힘들게 번 돈을 내고 무언가를 사는데, 그 대상의 가치가 어느 정도인지를 신경 쓰지 않는다는 건 말이 안 되기 때문이다. 그런데 언뜻 쉬워 보이지만 막상 답하려고 하면 말문이 막히는 질문이다. 그렇다면 투자계의 거장들은 어떻게 생각했을까?

가치에 대한 낯설고도 친숙한 이야기

우리가 너무도 잘 아는 투자자 워런 버핏은 "가격은 당신이 지불하는 것이고, 가치는 당신이 얻는 것"이라고 말했다. 앞으로 자세히 다루겠지만, 이는 '주식 투자의 본질이 가치보다 저렴하게 거래되는 주식을 사는 행위'라는 사실을 명쾌히 규정한 말이기도 하다. 버핏의 말을 통해서도 가치가 무엇인지 분명히 와닿지 않는다면, 또 다른 거장 밀턴 프리드먼(Milton Friedman)을 참고하자. 1976년 노벨 경제학상을 받은 신자유주의 경제학자이자 화폐경제학의 권위자인 프리드먼은 《화폐 경제학》에서 이 질문에 대해 훌륭한 인사이트를 제공하는 사례를 들려준다. 바로 '야프(Yap)섬의 돌 화폐' 이야기다.

야프는 태평양 중서부의 캐롤라인제도에 속하는 섬 중 하나로, 이곳 원주민들은 라이(Rai)라는 돌을 화폐로 사용했다. 단단한 석회암을 원반처럼 깎아낸 뒤 중앙에 구멍을 뚫어 커다란 엽전 같은 모양으로 만들어 결제 수단으로 사용한 것이다. 만약 라이가 주변에서 흔히 볼 수 있는 돌이었다면 그런 대우를 받지 못했을 것이다. 희귀했기에 누구나 갖고 싶어 했고, 크고 무거울수록 가치가 높았다. 라이는 인근 섬에서 구해 와야 했는데, 배나 카누를 이용해서 옮기는 작업은 엄청난 인력과 수고를 요구하는 일이었기에

자료: 위키피디아

웬만한 사람은 엄두도 내지 못했다. 어쨌든 라이를 야프섬으로 들여온 사람은 누구나 볼 수 있도록 눈에 잘 띄는 곳에 놓았다. 돌의 소유자가 누구인지를 사람들에게 알리고 나면, 거래를 할 때마다 상대방에게 일일이 가져다줄 필요가 없었다. 무거우니 옮길 수도 없을뿐더러 주인이 누구인지를 모든 사람이 알고 있기에 도난당할 염려도 없었다. 소유자가 바뀌면 그 사실을 사람들에게 알리면 그만이었다. 한번은 어떤 사람이 배에 라이를 싣고 오다가 폭풍우를 만나 라이가 바닷속에 가라앉고 말았다. 그래도 섬 사람들은 그 돌을 화폐로 인정해줬다. 돌이 가라앉는 걸 본 사람들이 공증을 해준 것이다. 라이가 눈에 보이는 곳에 있건 바닷속에 있건 간에, 그 돌

이 존재하는 건 분명하고 소유주도 확실하다는 게 그들의 생각이
었다.

가치는 사회적 믿음이 결정한다

돌을 화폐로 사용하다니, 야프섬의 원주민들이 미개하다고 생각하
는 사람도 있을지 모른다. 하지만 관점을 조금만 바꿔보면 21세기
를 살고 있는 우리 또한 크게 다르지 않다는 걸 알 수 있다. 야프섬
의 돌 화폐와 오늘날 우리가 화폐로 사용하는 종이 쪼가리에 다른
점이 있을까? 바닷속에 가라앉아 눈에 보이지도 않는 돌덩이까지
화폐로 쳐주는 것과 실물은 없이 통장에만 찍혀 있는 숫자를 돈으
로 인정해주는 것이 어떻게 다를까? 더군다나 사이버 세계에서만
존재하는 비트코인 1개가 수천만 원에 거래되고, 거기에서 파급된
수백, 수천 종류의 알트코인이 활발히 거래되고 있지 않은가.

프리드먼은 야프섬의 돌 화폐 이야기를 들려준 뒤 "가치는 '사
회적 믿음'에서 나온다"라고 결론지었다. 돌이든, 금이든, 종이나
통장의 숫자든, 비트코인이든, 화폐의 형태는 허상에 불과하고 '사
회적 믿음'이 가치의 본질이라는 것이다. 따라서 엄연한 법정 화폐
라도 사회적 믿음을 잃으면 화폐로서의 지위를 상실하고, 사회적

믿음을 얻은 또 다른 대상이 그 자리를 차지하게 된다.

대표적인 예로 독일 바이마르 공화국 시기 초인플레이션이 발생했던 상황을 들 수 있다. 제1차 세계대전에서 패한 독일은 베르사유 조약에 따라 천문학적인 배상금을 지불해야 했다. 전쟁 때문에 생산 시설이 대부분 파괴된 데다 연합국에 갚을 자원을 외국에서 사 와야 했기에 엄청난 양의 화폐를 발행했다. 화폐량이 급속도로 증가하자 당연히 물가가 상승했는데, 예컨대 1923년 10월 한 달 동안에만 무려 300배가 올랐다고도 한다. 심지어는 땔감을 사는 것보다 그 지폐를 땔감으로 쓰는 게 더 낫다고 할 정도였다. 이처럼 인플레이션이 너무나 극심해진 나머지 독일의 법정 화폐인 마르크화의 가치가 땅에 떨어졌고, 사람들은 누구도 마르크화를 갖고 있지 않으려 했다. 그 대신 물건을 사고팔 때 담배가 대신 쓰였다. 결국 사회적 믿음을 잃은 마르크화는 화폐로서의 지위를 상실하고, 담배가 화폐의 자리를 차지한 것이다.

가치는 주관적일까,
객관적일까?

앞서 소개한 돌 화폐의 예처럼, 가치란 인간 행동에 영향을 주는 바람직한 무언가를 의미한다. 그런데 가치는 확정적 존재라기보다는 추상적이고 유동적인 개념이다. 철학의 한 분야인 가치론에서는 '사물에서 가치를 경험하는 것인가, 아니면 사람이 사물에 가치를 부여하는 것인가'라는 질문이 핵심 쟁점이다. 즉, 가치가 객관적이냐 주관적이냐를 논하는 것이다.

가치는 어디에서 나올까?

애초에 가치는 어디에서 나올까? 이 질문은 오랫동안 가치론 철학의 화두였다. 경제학의 아버지로 불리는 애덤 스미스(Adam Smith)는 1776년 출간한 《국부론》에서 '가치는 노동에서 나온다'라는 노동가치설을 제시했다. 이를 카를 마르크스(Karl Marx)가 발전시켜 한 세기 후인 1867년에 《자본론》으로 세상에 내놓았다. 마르크스는 《국부론》에 심취했으며, 이를 바탕으로 자본주의의 모순을 분석하고 문제점을 조목조목 지적했다. 그 역시 스미스와 마찬가지로 가치가 노동에서 나온다고 봤으며, '자본가들이 자신의 노동 없이 가치를 획득하니 이는 착취다'라고 주장했다. 그 해법으로 탄생한 것이 사회주의이니 결국 현실의 사회주의 국가는 '가치란 무엇인가?'에 대한 질문에서 출발한 셈이다.

현대 주류 경제학에서는 가치가 '효용'에서 나온다고 본다. 효용이란 재화를 소비함으로써 얻는 만족을 가리키는 개념으로, 만족의 정도가 개인별로 다르기에 주관적일 수밖에 없다. 예를 들어 목욕을 무척이나 좋아하는 나는 동네 사우나 입장료 1만 원을 절대비싸다고 생각하지 않는다. 아마 5만 원으로 올려도 크게 불만이없을 것이다. 하지만 누군가는 1만 원이 비싸고 5,000원 정도면 적당하다고 느낄 수도 있다. 이처럼 효용이 주관적인 만큼 현대 주류경제학은 '가치는 주관적이다'라는 관점이라고 할 수 있다.

다른 한편으로, 객관적 가치와 주관적 가치의 상호작용에 주목하는 관점도 있다. 대표적인 인물이 뉴욕대학교 레너드 스턴 경영

대학원의 어스워스 다모다란(Aswath Damodran) 교수다. 최근 가치평가 분야에서 주목받고 있는 그는 대학 강단에서 기업 재무와 주식 가치평가를 가르치면서 《투자 전략 바이블》·《내러티브 앤 넘버스》 등 밸류에이션과 관련된 여러 베스트셀러를 저술했으며, CNBC 등 경제 채널에 자주 출연하고 SNS를 통해서도 세상과 활발히 소통하고 있다. 그가 특히 주목받는 이유는 그간의 가치평가가 넘버스(numbers), 즉 숫자로 대표되는 객관적 가치에만 집중해 온 반면, 그는 내러티브(narrative), 즉 스토리로 대표되는 주관적 가치와의 상호작용까지 분석의 범주에 포함하기 때문이다.

주관적 가치와 객관적 가치의 상호작용

'주관적 가치와 객관적 가치의 상호작용'이라는 개념을 주식 투자 측면에서 살펴보자. 이른바 가치투자자들은 이 두 가지 중에서 객관적 가치에 천착하며, 주관적 가치는 시장의 노이즈(noise, 소음) 정도로 폄하하는 경향이 있다. 주관적 가치에 관심을 두는 이들을 '배교자'인 양 취급하기도 한다. 반대로 모멘텀, 성장성, 이벤트 드리븐(event driven) 등 주관적 가치만 추구하고 객관적 가치는 무시하는 이른바 성장주 투자자들도 있다.

하지만 굳이 그래야 할까? 투자는 '옳고 그름'을 따지는 행위가
아니다. 세 살 먹은 아이도 알다시피, 투자는 돈을 벌고자 하는 행
위다. '모로 가도 서울만 가면 된다'는 말처럼, 인간의 비합리성과
그에 따른 시장의 비이성성을 제대로 이해하고 활용할 수 있으면
더 좋지 않을까? 현명한 사람일수록 '조화와 균형'을 추구하며, 그
래서 예로부터 중용(中庸)이나 중도(中道)가 숭상받은 것이 아니겠
는가. 이는 주식 투자라고 해서 예외일 수 없다.

그런데 이른바 '한국형 가치투자자'는 저PER주·저PBR주를 '가
치주'라고 이름짓고 이런 주식만 사는 것이 가치투자자의 덕목인
것처럼 행동하고, PER이 높은 주식을 사는 것은 가치투자가 아니
라고 제멋대로 규정짓곤 한다. 그러면서 저PER주에 집중하는 것
이 위험이 적은 안전한 투자를 지향하는 방법이라고 강조한다. 다
모다란은 이런 교조적 가치투자자의 그릇된 생각을 단호하게 반박
한다. 그는 실제로 PER과 펀더멘털의 관계를 살펴본 결과 "현행·
후행·선행 PER이 10 미만인 115개 종목 중 위험이 평균보다 높
거나 성장률이 평균보다 낮아서 제거된 종목"의 수익률이 "60%를
초과했다"는 사실을 발견했다. 단순히 낮은 PER을 기준으로 삼는
투자 전략의 위험성을 강조한 것이다. 그는 "장기 투자자라면 '위
험도 평균보다 낮고 기대 성장률도 합리적인 저PER주'에 투자하
는 전략이 더 바람직하다"라고 조언했다.

그렇다고 해서 훌륭한 기업이면 무작정 높은 밸류에이션을 받아야 한다는 얘기는 아니며, 성장하는 훌륭한 기업을 너무 비싸지 않게 사야 한다는 것이 그의 일관된 주장이다. 대한민국 기관 투자자들이 흔히 생각하듯이 '성장'과 '가치'가 서로 대립하는 것이 아니라 양자 간의 조화와 균형이 중요하다는 것이 다모다란의 견해이고, 이는 현재 가치평가의 새로운 방향성으로 높게 평가되고 있다.

스토리와 숫자,
무엇을 봐야 할까?

다모다란은 세상에는 두 가지 부류의 종족이 있다고 말했다. 하나는 넘버크런처(number cruncher, 수치를 계산하는 사람) 부족이고, 다른 하나는 스토리텔러(storyteller, 이야기하는 사람) 부족이다. 숫자 위주로 생각하는 넘버크런처 부족은 숫자가 많이 나오는 수업에 관심이 많고, 대학에서도 공학·물리학·회계학 같은 숫자 관련 학문을 전공한다. 그 과정에서 점점 스토리텔링 능력을 잃어간다. 반대로 스토리텔러 부족은 인문사회 분야에 관심이 많아 역사·문학·철학·심리학 등을 전공하면서 스토리텔링 능력을 갈고닦는다. 두 부족은 각기 부족 고유의 언어로 말하면서 자신들의 부족만이 진실을 알고 있고 상대 부족은 틀렸다고 확신한다.

증시에도 이런 두 부류가 존재한다. 예컨대 넘버크런처 부족은

'가치주 투자자'가 되고, 스토리텔러 부족은 '성장주 투자자'가 되는 식이다. 다모다란은 《내러티브 앤 넘버스》를 통해 넘버크런처가 가치평가를 뒷받침할 내러티브를 만들 수 있게 되기를, 그리고 스토리텔러가 창의적인 스토리를 어렵지 않게 숫자로 전환하는 능력을 얻을 수 있게 되기를 바랐다.

실제로 가치평가는 양쪽을 서로 연결하기 때문에, 스토리텔러는 스토리에서 개연성이나 타당성이 없는 부분을 확인해서 고치게 된다. 그리고 넘버크런처는 숫자에서 만들어낸 스토리가 말이 안 되거나 신빙성이 떨어지는 순간을 인식할 수 있게 된다.

숫자에서 스토리를, 스토리에서 숫자를

스토리의 뒷받침이 없이 단지 숫자로만 이뤄진 가치평가는 영혼과 신뢰성이 없다. 숫자로만 가득 찬 스프레드시트보다는 스토리가 훨씬 더 기억에 잘 남고, 사람들의 감정을 흔들며, 신뢰를 제공한다. 뉴욕 양키스의 전설적인 홈런왕 베이브 루스(Babe Ruth)는 세대를 막론하고 미국인들이 가장 사랑하는 야구 스타다. 사람들이 그를 기억하는 이유는 그의 통산 타율 3할 4푼 2리나 714개의 홈런 같은 숫자가 아니라 어린이 환자를 위한 약속 홈런, 우측 담장을 가리키고 그대로 쳐낸 예고 홈런, 월드 시리즈에서의 엄청난 활약 등의 스토리를 보유하고 있기 때문이다. 우리나라의 국민 타자 이승엽에 대해서도 사람들은 그의 통산 홈런 개수보다는 '아시아 홈런왕', 각종 국제무대에서 보여준 '약속의 8회' 같은 스토리를 훨씬 더 많이 기억한다.

단순한 매출성장률, 영업이익률, PER 같은 숫자만으로는 부족하다. 기업의 성장 스토리, 최고경영자의 능력과 도덕성, 기업 문화, 브랜드 가치 등과 같은 정성적 요소가 스토리텔링 요소로 합쳐져야 그 기업의 가치는 더욱 커진다. 예컨대 2020년 6월 SK그룹 최태원 회장은 계열사 CEO 30여 명에게 《내러티브 앤 넘버스》를 필독서로 제시했다. 단순히 재무적 숫자에 매몰되지 않고 정성적인 '비즈니스 내러티브'에도 힘을 쏟아야 기업가치를 높일 수 있다는 일침이다. 우리는 숫자에서 스토리를 끌어낼 수 있어야 한다.

반대로 스토리에서 시작해 숫자를 제시하기도 해야 한다. 불확실성의 세계에서 숫자는 정밀하고 객관적이라는 느낌을 준다. 스토리에서 출발하여 숫자로 나아가는 과정에서 그 스토리의 가능성·타당성·개연성을 시험하고, 거기에서 뽑아낸 숫자로 이뤄진 밸류에이션이 최종적 목표인 기업가치로 연결되어야 한다.

다음은 다모다란이 제시한, 스토리를 숫자로 바꾸는 프로세스다.

- 1단계: 가치평가를 위한 비즈니스 스토리 만들기

  이 단계에서 만들어내는 스토리에는 회사가 장차 어떻게 진화할 것인지에 대한 자신의 의견이 담겨 있다.

- 2단계: 스토리의 가능성, 타당성, 개연성 시험하기

  가능성 있는 스토리는 많지만, 가능성 있는 스토리가 전부 타당성이 있는 것은 아니다. 그중에서도 개연성을 가진 스토리는 몇 가지에 불과하다.

- 3단계: 스토리를 가치 요인으로 전환하기

  스토리를 분해한 다음 이것을 시장 규모나 현금흐름, 위험 등 가치평가를 위한 투입 변수로 전환할 방법을 찾아낸다. 이 작업이 끝나면 스토리의 각 요소가 숫자로 표현되어야 하며, 반대로 각 숫자 역시 스토리의 각 요소로 되돌아갈 수 있어야 한다.

- 4단계: 가치 요인과 가치평가 연결하기

  투입 변수를 기업의 최종 가치와 연결하는 내재가치 평가 모델을 만든다.

- 5단계: 피드백 고리 열어두기

  그 회사를 잘 아는 사람들의 말에 귀를 기울이고, 조언을 활용해 스토리를 세심하게 다듬고 수정도 한다. 스토리를 변경했을 때 기업의 가치평가가 어떻게 달라지는지 계산해본다.

내러티브와 넘버스의 조화와 균형

주식시장에서는 스토리의 중요성이 갈수록 커질 수밖에 없다. 상장지수펀드(ETF)의 규모가 급속히 커지고 테마도 다양해지기 때문이다. 예를 들어 K-이차전지 ETF가 출시되고 이것이 'K 배터리가 세계를 제패할 것이다'라는 스토리와 연결되면, 이 ETF가 인기를 얻어 더 많은 자금이 유입되고, ETF에 편입된 K-배터리 주식에 주목하는 투자자가 늘어날 것이다. 그러면 주가가 더 올라가고, 이에 따라 스토리가 더욱 강화되는 식으로 내러티브와 넘버스가 서로를 뒷받침하며 상승작용을 이어갈 것이다. 그러므로 숫자에만 매몰된 '교조적 가치투자' 식 접근은 지양해야 한다. 다만, 너무 지나친 과열에 휩쓸리지 않도록 내러티브와 넘버스를 조화롭고 균형 있게 다루는 투자 접근이 요구된다.

본질에서 출발하자

최초의 주식회사, 네덜란드 동인도회사

무엇이든 본질을 파악하고자 할 때는 그 역사를 알아보는 것이 도움이 된다. 주식과 증시는 어떻게 시작됐을까?

1492년 콜럼버스가 신대륙을 발견한 이후 대항해 시대가 열렸다. 스페인과 포르투갈 등 유럽 각국은 신대륙과 신항로로부터 많은 양의 금과 은, 향신료, 비단, 도자기 등 값비싼 물건을 들여와 막대한 이익을 누렸다.

머나먼 아시아와 아메리카 지역을 오가는 데는 험난한 대양을 잘 헤쳐나갈 큰 배가 필요했고, 이런 큰 배를 건조하기 위해선 당연히 큰돈이 필요했다. 초기에는 왕가나 대귀족 등이 단독으로 자금을 대는 식이었는데, 배가 점점 더 커지면서 더 큰 규모의 자금을 조달하고 긴 항해에 따른 리스크를 분산해야 할 필요성이 대두했다. 이에 1602년 8월 네덜란드에서 원활한 자금조달과 리스크 분산을 위해 동인도회사가 출범했고, 이것이 주식 제도의 시초다.

동인도회사는 인도 및 동남아시아 일대에서 후추 등 향신료, 도자기, 비단 등 귀중품을 사들여 유럽으로 가지고 가 비싸게 파는 일을 했다. 암스테르담 항구까지 무사히 가져오기만 하면 수십 배, 수백 배에 달하는 막대한 이문을 남길 수 있었다. 하지만 오랜 항해 기간에는 폭풍우, 태풍, 풍랑 같은 자연재해와 귀중품을 노리는 해적 등 다양한 위험이 도사리고 있었다. 즉, 최초의 주식 투자는 '대양 항해에 따른 위험을 분담하고, 성공했을 때 발생하는 이익을 나누는 것'을 목적으로 시작됐다.

암스테르담을 중심으로 이런 주식 발행이 많아지자 주식을 사고파는 일이 활발해졌다. 초기에는 개인 대 개인 간의 거래였으나 이후 중개인들이 생겼고, 네덜란드 정부는 아예 공식적인 중개소를 만들기에 이르렀다. 이것이 1613년에 세워진 세계 최초의 암스테르담 증권거래소다. 증권거래소가 생기고 나서는 주식 거래와 신규 주식 발행이 더욱 활발해졌다.

동인도회사 사례에서 도출한 주식 투자의 본질

오늘날 많은 주식 투자자가 다양한 방법과 기법으로 투자에 접근하지만, 이 주식 제도의 기원은 기억할 필요가 있다. 세계 최초로 주식을 발행한 동인도회사의 사례에서 주식 투자와 관련하여 다음 세 가지의 본질을 유추할 수 있다.

첫째, 최소 3년은 투자해야 한다.
동인도회사의 대형 범선이 암스테르담항에서 출발하여 아시아 일대의 귀중품을 사서 되돌아오기까지의 시간을 우리는 기다려줄 필요가 있다. 분야를 불문하고 현대의 사업도 공장을 짓고, 생산라인을 정상화하고, 물건을 생산하여 팔고, 대금을 받고, 그 이익금을 돌려주기까지는 당연히 시간이 필요하다. 믿고 그 기업에 돈을 맡겼다면 기업이 실력을 발휘할 수 있도록 최소한의 시간은 기다려줘야 할 터인데, 그 기간이 3년이다. 투자 후 3년을 기다려줄 수 없다면 그것은 투기이지 투자가 아니다.

둘째, 맡긴 후엔 전적으로 믿어야 한다.
당신이 3년을 기다려서 좋은 성과를 얻었다면, 애초 믿음이 좋은 것이었다는 뜻이다. 대개의 주식 투자자는 회사의 경영에 관여할 수 없다. 암스테르담항을 출발한 대형 범선이 오랜 항해를 마치고 귀항하기까지 투자자가 아무런 일도 할 수 없었던 것과 마찬가지다. 그러므로 우리는 '신중한 믿음'을 가져야 한다. 믿기 전에 많이 고민하되 맡긴 후엔 전적으로 믿어야 한다. 믿음을 갖기 위해 꼼꼼히 검토해야 할 것은 위대한 선장과 튼튼한 배와 좋은 선원을 갖췄는가 하는 것이다. 현대에서 위대한 선장은 탁월한 경영자, 튼튼한 배는 견고한 비즈니스 모델, 좋은 선원은 우수한 직원과 기업 문화로 볼 수 있다.

셋째, 포트폴리오 관점으로 접근해야 한다.

아무리 신중하게 선택했다고 하더라도 위험을 100% 없앨 수는 없다. 위대한 선장과 튼튼한 배와 좋은 선원을 다 구비했더라도 대양을 항해하는 과정에서 유례없는 큰 태풍이나 지독하게 악랄한 해적을 만난다든지 하는 불운으로 큰 손해를 볼 가능성이 있기 때문이다. 그러면 어떻게 해야 할까? 그래서 반드시 필요한 것이 포트폴리오 관점의 접근이다. 5~10개 정도의 포트폴리오를 구성해야 한 기업의 불운을 다른 기업의 행운으로 상쇄할 수 있다.

좋은 기업을 선택하는 필수 과정, 밸류에이션

현재 주식은 전산상으로만 거래되기 때문에 주식 투자는 사이버상의 가상 숫자 정도로만 인식되는 경향이 있다. 그러나 원래 주식을 산다는 것은 엄연히 '주권(株券)'이라는 유가증권을 사는 행위다. 즉, 주권을 사고파는 과정에서 '주주로서의 권리'가 이전되는 것이다. 주식 뒤에는 기업이 있고, 그 기업 주인으로서의 권리가 오간다는 사실을 잊지 말아야 한다.

주주의 권리는 크게 주주 개인의 이익인 자익권(自益權)과 회사 전체의 이익과 관련된 공익권(共益權)으로 나뉜다. 투자자 입장에서 중요한 자익권은 회사 이익을 지분에 따라 배당받을 권리인 이익배당청구권, 회사가 청산될 경우 부재를 제외한 나머지 재산에 대해서 지분만큼 분배받을 권리인 잔여재산분배청구권, 회사가 유상 또는 무상으로 신주를 발행할 경우 신주를 우선하여 인수할 수 있는 신주인수권 등이 포함된다. 이 중에서 가장 핵심이 되는 권리는 이익배당청구권이다.

결국 주식 투자에서 가장 중요한 것은 '기업의 이익'이라는 사실을 다시 한번 확인할 수 있다. 본질상 기업은 '주주를 대신해서 돈을 벌어주는 조직'이고, 주식 투자의 성패는 돈을 맡긴 기업을 잘 선택했느냐 아니냐에 달려 있다. 핵심을 정리하자면 돈 잘 버는 기업을 선택하는 것이 첫째고, 그 기업의 주식을 적당한 가격에 사는 것은 그다음이라는 얘기다.

'위대한 기업을 적정한 가격에 사는 것', 이것이 주식 투자의 모든 것이다. 적정한 가격인지를 판단하기 위해 밸류에이션이 필요하고, 이를 설명하는 것이 이 책의 목적이다.

2장

위대한 거인들과
한국 증시

VALUATION

10X

가격은 우리가 내는 돈이며,
가치는 그것을 통해 얻는 것이다.

———

워런 버핏

밸류에이션의 시조, 벤저민 그레이엄

그레이엄이 체계화한 밸류에이션 공식

밸류에이션을 이야기할 때 빼놓을 수 없는 인물이 벤저민 그레이엄(Benjamin Graham)이다. 그레이엄은 투자자이자 경제학자이자 교수로, 컬럼비아대학교를 졸업한 후 그레이엄-뉴턴 파트너십이라는 투자회사를 설립했고, 이후 모교에서 투자론 관련 강의를 했다. 이때 사용한 교재가 바로《증권분석》이다. 현대적 의미의 밸류에이션, 즉 가치평가는 이 책에서 시작됐다고 해도 과언이 아니다.

1602년 동인도회사가 최초의 주식을 발행한 이후《증권분석》이 출간된 1934년까지 300여 년 동안에도 주식은 활발히 거래됐고,

당연히 사고팔 때의 기준 역시 존재했다. 그 기준은 어떤 것이었을까?

그레이엄에 따르면, 당시 투자자들은 침체기에도 배당률이 안정적으로 유지되고 때로는 증가하는 주식, 이익이 안정적이고 재무구조도 건전하며 운전자본도 풍부한 주식, 평균 시장 가격이 액면가와 비슷하거나 액면가보다 높은 주식을 우량주로 꼽았다. 반면 재무상태표에 나타난 자산 가치가 가공이거나 부풀려져 있는 주식은 투기주로 봤다. PER이나 PBR 같은 구체적 밸류에이션 툴은 아직 등장하지 않았지만 배당이나 이익, 순자산 가치 등을 기준으로 기업의 가치를 평가해왔다는 뜻이다.

그레이엄은 이런 전통적인 가치평가 방법을 더 구체화하고 체계화하여 《증권분석》에 망라했다. 예컨대 그는 보통주 평가를 구성하는 기본 요소로 미래 예상 배당금, 미래 예상 이익, 배당금과 이익에 적용하는 자본 환원율(승수), 자산 가치 등 네 가지를 꼽았다. 그리고 이 요소들을 결합하여 다음과 같은 보통주 평가 공식을 제시했다.

- **가치 = M(배당금 + 이익/3) + 자산가치 조정**
  - M(multiple, 멀티플): 이익에 적용하는 승수

그레이엄의 키워드, 안전마진

그레이엄은 밸류에이션 과정에 많은 불확실성이 존재함을 인정했다. 정확한 가치를 계산해내기 위해선 반드시 미래 기업이익을 예상해야 하는데, 이 과정 곳곳에서 오차가 발생할 수 있기 때문이다. 그럼에도 안정적인 수익을 기대하기 위해서 필요한 것이 바로 안전마진(margin of safety)이다. 그는 미래 이익에 대한 예상이 불확실할 수밖에 없기 때문에 적정 가치는 특정 숫자보다는 특정 범위 개념으로 접근해야 하고, 이 범위 대비 충분히 저평가인 상태에서만 투자해야 안정적인 수익을 거둘 수 있다고 주장했다.

그의 말을 요약하면 '내재가치에 비해 충분히 저렴할 때 주식을 사라'가 된다. 너무나 당연한 말처럼 들리지만 실천하긴 어렵다. 내재가치에 비해 충분히 저렴할 때란 전쟁이 임박했거나, 심각한 불경기가 다가오고 있거나, 미국 연방준비제도이사회(FRB)가 금리를 급격히 올리거나 등등의 이유로 증시가 무섭게 하락할 때가 대부분이기 때문이다. 사람들은 대체로 어제나 오늘 일어난 일이 내일도 반복된다고 여기기 때문에 주가가 연일 하락할 때는 싸다고 생각되는데도 더 내려갈까 봐 쉽사리 매수하지 못한다. 게다가 공포는 전염성이 강해서 주위 사람들이 다 위험하다고 할 때 홀로 용기를 내기란 정말 어려운 일이다. 그럼에도 이럴 때가 아니면 충분한 안전마진을 확보하기는 어렵다. 그렇기에 '공포에 사고 탐욕에 팔라'라고 하는 것이다.

앞서 얘기했듯 배당금, 이익, 자산 가치를 바탕으로 기업의 가치를 평가한 사람이 그레이엄이 최초는 아니다. 다만 이전 300여 년간 막연히 반영해왔던 요소들을 체계화하고 공식으로 제시했다는 점에 의의가 있다. 그로부터 현대적 가치투자가 시작됐기에 '가치투자의 시조(始祖)'라는 별칭은 너무나 타당하다.

그레이엄에서 버핏으로

1984년, 그레이엄의 제자 워런 버핏은 컬럼비아대학교에서 열린 《증권분석》 출판 50주년 기념식에서 '그레이엄-도드 마을의 위대한 투자자들(The Superinvestors of Graham-and-Doddsville)'이라는 제목으로 역사에 길이 남을 명강연을 했다. 투자의 본질에 대한 버핏의 탁월한 인사이트를 엿볼 수 있는 강연으로 꼽히는데, 핵심을 간추리자면 다음과 같다.

투자란 100원짜리 물건을 60원이나 40원에 사려고 노력하는 행위다. 30원이나 20원에 살 수 있다면 더더욱 멋질 것이다. 충분히 싸게 사면 살수록 위험은 줄어들고 대박의 가능성은 더 커진다. 미리 공부해서 특정 기업의 가치를 잘 알고 있다면 그 기업의 주가가 내려갈수록 나는 더욱 행복해질 것이다. 그 기업의 가치를 잘 알고 그 가치에 비해 아주 싸게 샀다면 이제 남은 것은 '기다림'뿐이다. 비효율적이어서 100원짜리를 30원에 판 주식시장이 바로 다음 날 정신을 차려서 100원을 부를 리는 없다. 믿음을 갖고 느긋하게 기다리다 보면 마침내 100원을 부르게 될 테고, 심지어는 150원이나 200원을 부르는 날이 올 것이다. 그때 흐뭇하게 미소를 지으며 팔고, 다시 30원에 거래되는 100원짜리를 찾아 나서면 된다.

이것이 벤저민 그레이엄에서 시작해서 워런 버핏으로 이어진 투자 철학이다.

그레이엄에서 피셔의 시대로

투자의 구약과 신약

가치투자 역사에서 가장 중요한 두 인물을 들자면 앞서 살펴본 벤저민 그레이엄과 그의 제자이면서 세계 최고의 투자자로 불리는 워런 버핏을 꼽을 수 있다. 투자에서 이 둘의 관계는 기독교에서 구약과 신약의 관계와 유사한 면이 많다.

기독교의 성경은 구약(옛 언약)과 신약(새 언약)으로 이뤄져 있다. 구약은 지금으로부터 3,500여 년 전인 출애굽(유대민족이 이집트에서 탈출하여 국가를 세운 일) 당시에 여호와 하나님이 지도자 모세를 통해서 이스라엘 백성에게 세워준 것이다. 그리고 신약은 하나님의 독생자 예수가 2,000여 년 전에 친히 이 땅에 오셔서 세운 것이다. 구약의 하나님과 신약의 하나님은 동일하다. 구약의 큰 줄기는 신약에 그대로 계승됐고, 구약의 율법(언약) 중 다수는 신약에서도 여전히 유효하다. 그러나 구약과 신약은 다른 부분이 분명히 있고, 서로 배치되는 가르침 또한 존재한다. 예를 들어 구약의 핵심이 '선택받은 유대민족이 따라야 할 율법'이라면, 신약은 '온 세상 사람이 다 평등하게 그리스도인으로서 이웃을 사랑하는 것'이라고 할 수 있다.

이렇게 구약과 신약이 배치되는 경우, 우리는 무엇을 따라야 할까? 당연히 옛 언약이 아닌 새 언약을 따르는 것이 마땅하다. 투자에서도 마찬가지다. 과거의 전통, 과거의 시대상을 반영한 그레이엄의 조언과 과거를 계승하되 현대적 시대상을 반영한 버핏의 조언이 배치될 때는 버핏의 조언을 따르는 것이 현명하다. 그러나 대한민국의 가치투자자로 자칭하는 일련의 운용사들은 한결같이 그레이엄의 방식만을 고집한다. 이는 신약이 도래하여 구약이 폐기됐음에도 여전히 구약을, 아니 구약만을 성경으로 섬기는 것과 같다고 할 수 있다.

그레이엄과 버핏의 차이

그레이엄이 주로 활동했던 1930~1950년대는 미국 증시에 비관론이 팽배하던 시절이었다. 다우지수는 1929년 9월 381.17포인트로 최고점을 찍은 뒤 1932년 7월 41.22포인트까지 무려 90% 가까이 하락하는 대폭락 장세를 이어갔다. 이때의 증시 대폭락이 1930년대 경제 대공황으로 이어졌으니 당시 투자자들이 얼마나 큰 고통을 겪었을지 짐작할 수 있다.

이후 조금씩 회복되긴 했으나 속도가 너무도 더뎠고, 1929년의 고점을 넘어선 것은 25년이나 지난 1954년의 일이었다. 그레이엄이 《증권분석》 초판을 출간한 시점이 이런 대공황의 한가운데인 1934년이었으니 '안전'을 최우선으로 한 보수적 접근법을 제시할 수밖에 없었을 것이다. 그레이엄이 1949년에 출간한 《현명한 투자자》에도 '보수적 투자', '방어적 투자' 같은 단어가 흘러넘친다. 경제 대공황에다 제2차 세계대전 시기를 거치며 쓰인 책이니만큼 '미래의 불확실한 100원보다는 눈앞의 10원이 훨씬 더 가치 있는 것'이라는 투자 철학이 책 전체를 관통하는 것도 이해할 만하다.

그러나 인류는 마침내 경제 대공황과 제2차 세계대전이라는 난관을 극복했고, 종전 직후부터 시작된 번영은 큰 위기 없이 80여 년을 이어오고 있다. 상황이 이런데도 과거 가장 암울했던 시기에 정립된 투자 원칙과 철학을 수정 없이 그대로 적용한다면 얼마나 대책 없고 굼뜬 대응이겠는가. 눈을 비비고 다시 봐야 할 정도로 세상이 급변한 만큼 가치에 대한 접근 방법과 투자 철학 또한 변화해야 마땅하다.

그런 변화를 이뤄낸 사람이 바로 워런 버핏이다. 그레이엄의 제자이고 졸업 후 그의 회사에서 일한 적도 있지만, 변화에 발맞춤으로써 세계에서 가장 부유한 투자자로 우뚝 설 수 있었다. 한국의 '무늬만 가치투자자'들이 간과하는 부분이 바로 이것이다. 분명 버핏은 그레이엄에서 출발했지만, 적용하는 투자법은 크게 다르다. 거의 180도 다르다고 해도 과언이 아니다. 그럼에도 가치투자자라는 분류에 그레이엄과 버핏이 함께 속한다는 이유만으로 이 둘의 가치평가법과 투자 철학이 같다고 철석같이 믿고 있으니 정말 안타까운 일이다. 현대의 가치투자자로 이름이 알려진 미국의 많은 투자자가 그레이엄 아래서 수학했고, 투자 방법은 각기 조금씩 달랐지만 '가치에 비해 저렴한 가격으로 주식을 산다'는 그레이엄의 기본 투자 철학은 공유했다. 그 점에서 '가치투자파'라는 하나의 그룹을 형성하게 된 것뿐이다.

그레이엄과 버핏의 결정적 차이는 무엇일까? 버핏은 이렇게 말한 적이 있다.

"나는 85%의 그레이엄과 15%의 피셔로 이루어져 있다."

하지만 나는 그가 '85%의 피셔와 15%의 그레이엄'으로 이뤄져 있다고 생각한다. 스승이자 직장 상사였던 그레이엄의 명예를 존중하는 립 서비스 차원에서 그렇게 말했을 것이다. 이렇게 생각하는 이유가 뭐냐고? 버핏이 세계 최고의 투자자가 된 것은 주로 필립 피셔(Philip Fisher)의 가르침을 따른 덕이기 때문이다. 즉, 그레이엄의 《증권분석》이 구약이라면 피셔의 《위대한 기업에 투자하라》는 신약이라고 할 수 있다.

《위대한 기업에 투자하라》가 발간된 해는 1958년이다. 《증권분석》이 대공황의 한가운데에서 출간된 것과 달리, 제2차 세계대전이 끝난 후 10여 년이 지나고 세계 경제가 호황기를 한창 이어가며 '자본주의의 황금기'라고 불리던 시절에 쓰였다. 특히 당시 미국은 세계 초강대국으로 우뚝 서서 사상 초유의 호황을 누렸기에 낙관주의가 팽배해 있었다. 바야흐로 구약의 시대가 가고 신약의 시대가 온 셈이다. 그레이엄이 보수적 관점에서 기업이 과거와 현재에 기록한 수치를 가장 주요한 투자 판단의 근거로 삼은 반면, 피셔는 낙관적 관점에서 기업의 미래를 더 중요하게 여겼다. '성장주' 개념을 최초로 제시한 것으로 평가받는 피셔의 투자 원칙은 '성장주에 투자하여 장기 보유하라'로 요약할 수 있다.

그는 이런 말을 남겼다.

— 장부가보다 높은 가격에 거래되더라도, 미래 성장성을 고려해 적정한 가격이라고 판단되면 그 기업의 주식을 사라. (…) 숫자를 잘 다루는 사람이 열심히 저평가 주식에 투자해도 대부분 볼품없는 수익을 올린다. 저평가된 주식은 보통 실제 가치보다 아주 조금 저평가돼 있기 때문이다. 이들은 탁월한 성장 기업에 투자해 얻는 수익률을 따라오지 못한다.

저평가된 주식을 사서 적정 수준에 이르렀을 때 파는 그레이엄의 이른바 '담배꽁초 전략(버려진 담배꽁초라도 잘만 고르면 몇 모금쯤은 공짜로 피울 수 있다는 의미로, 장부가치에도 미치지 못하는 가격에 거래되는 기업의 주식을 몽땅 사들인 후 청산하여 이익을 거두는 전략)'의 종언을 고하고, 탁월한 성장 기업에 동승하여 성장 과실을 장기간 공유하는 새로운 약속, 즉 신약을 선포한 사람이 바로 필립 피셔다.

버핏, 피셔로 개종하다

암울한 시기에 투자자로서 활약했던 그레이엄은 수익률을 극대화하기보다 손실을 줄이는 것을 중요시했다. 불확실한 미래 예측보다는 과거와 현재의 숫자를 더 중요하게 여겼다. 이에 비해 피셔는 회계상 숫자보다는 회사의 질적 가치와 성장성을 더 중요하게 생각했다. 그는 "주식을 매수할 때 해야 할 일을 정확히 했다면, 그 주식을 팔아야 할 시점은 거의 영원히 찾아오지 않을 것이다"라고 말하기도 했다. 소수의 위대한 주식으로 집중 포트폴리오를 구성했으며, 특히 모토로라(MOTOROLA)는 매수 후 죽을 때까지 팔지 않았다.

버핏이 섬유회사 버크셔 해서웨이(Berkshire Hathaway)를 산 것은 그레이엄의 방식을 따른 것이었다. 당시 이 회사는 자사가 보유한 순현금자본보다도 못한 가격에 거래되고 있었기 때문에 '담배꽁초 전략'의 일환으로 매입한 것이었는데, 매수 이후 본업의 실적이 계속 악화돼 갖은 고생을 했다. 버핏은 이 일을 계기로 그레이엄교에서 피셔교로 개종했다.

그 과정에서 전도자 역할을 한 사람이 바로 버크셔 해서웨이의 부회장 찰리 멍거(Charlie Munger)다. 버핏과 찰리는 1959년에 만나 평생지기가 됐다. 특히 버핏은 찰리의 영향으로 '엄청난 성장 전망을 가진 소수의 기업에 투자하고 아무것도 하지 않는' 피셔의 투자 스타일을 따르게 됐다.

개종 전 버핏은 주로 '가치에 비해 저평가된 주식'을 샀는데, 개종 후에는 저평가된 주식보다 '위대한 기업'을 찾는 데 집중했다. 이와 관련해 다음과 같은 말을 남기기도 했다.

— 훌륭한 가격에 적당한 기업을 사는 것보다, 적당한 가격에 훌륭한 기업을 사는 것이 훨씬 낫다.

개종 후 버핏의 투자는 위대한 주식을 적정한 가격에 산 후 웬만해선 팔지 않는 방식으로 바뀌었다. 피셔가 평생 모토로라의 주주였던 것처럼 그 역시 1988년에 산 코카콜라(Coca-Cola) 주식을 35년간 보유 중이며, 죽을 때까지 팔지 않을 계획이라고 한다. "10년을 보유할 기업이 아니라면 단 10분도 보유하지 말라"라고 말한 데서 알 수 있듯이, 버핏은 그레이엄의 방식을 완전히 버렸다. 구약을 버리고 신약을 받아들인 셈이다.

워런 버핏의 투자 비법

버핏의 투자는 단순하다

—— 大巧若拙 大智若遇(대교약졸 대지약우)

노자의 《도덕경》에 나오는 문구다. '큰 정교함은 오히려 어눌해 보이고 큰 지혜는 겉으로는 어리석어 보인다'라는 뜻이다. 워런 버핏이 세계 최고의 투자자가 된 비법이 바로 이와 같다. 많은 이들이 버핏에 관한 책을 읽고 그를 연구하면서도 그만큼의 투자 성과를 내지 못하는 이유는 버핏의 투자 비법이 너무 어렵고 복잡해서가 아니라, 그 반대로 너무나 단순해서다. '과연 이런 별것 아닌 방법으로 큰돈을 벌 수 있을까?' 하는 의구심에 사로잡혀 제대로 따라

하지 않기 때문이다.

버핏은 해마다 '주주 서한'을 통해 회사 운영 현황과 투자 관련 사항을 주주들에게 보고하는데, 버크셔의 주주들뿐만 아니라 전 세계의 기업 경영자와 투자자들도 관심 있게 읽는다. 주주 서한의 내용을 바탕으로 버핏의 투자 관점을 정리하면 다음과 같다.

- 장기적으로 주가를 결정하는 것은 기업의 영업 실적이다.
- 사업을 정확히 판단하는 안목이 중요하다.
- 시장 심리에 휩쓸리지 말라. 공포에 사고 탐욕에 팔라.
- 자기자본이익률(Return On Equity, ROE)이 높고 위대한 경영 진이 존재하는 위대한 기업에 투자하라.
- 주가가 지나치게 과대평가되지 않는 한 위대한 기업을 영원 히 보유하라.

겨우 이 정도다. 정말 단순하지 않은가? 이 다섯 가지만 가슴에 새기고 실천하면 당신도 버핏에 버금가는 훌륭한 투자자가 될 수 있다.

다만, 이 다섯 가지를 실천하기 위해서는 세심한 부분까지 공부 해야 한다. '악마는 디테일에 있다'라고 하지 않는가. 특히 사업을 정확히 판단하는 안목, 즉 업의 본질을 정확히 꿰뚫어 보는 안목을 반드시 가져야 하는데 그러려면 산업을 아주 깊이 있게 이해해야 한다. 그나마 다행인 것은 모든 산업을 깊이 알 필요는 없다는 것이다. 관심이 가고 자신 있는 분야, 이런저런 이유로 잘 알 수 있는 분야가 누구에게나 반드시 있을 테니 그 분야에 집중하면 된다. 이를 버핏은 '능력 범위(circle of competence)'라고 불렀으며, 그 범위가 넓을 필요는 없고 범위를 정확히 인식하는 것이 더 중요하다고 강조했다.

한 가지 덧붙이고 싶은 것은 그 '능력 범위'가 가능한 한 많은 기회를 제공하는 것이면 더 좋을 것이고, 일단은 적은 범위에 만족하되 그 범위를 계속 넓히려는 노력을 게을리하지 말아야 한다는 것이다. 사실 지금은 '전기차 혁명의 시대'이고, 대한민국의 이차전지 산업만큼 투자자에게 무한한 기회를 제공하는 분야도 드물다. 당연히 당신의 능력 범위에 이차전지 산업이 포함된다면 얼마나 좋겠는가?

다행스럽게도 많은 투자자가 이렇듯 유망한 이차전지 산업을 능력 범위 안에 둘 수 있도록 불철주야 노력하는 사람이 있으니, 바로 나다. 당신이 나와 인연을 맺게 된 것은 누구도 부정할 수 없는 엄청난 행운이다. 그렇더라도 이차전지만을 자신의 능력 범위로 국한하지 말기를 바란다. 세상에 영원한 것은 없다. 당연히 이차전지 산업도 예외가 아니다. 관련 종목의 주가가 너무 많이 오른다든지, 산업이 성숙기에 접어든다든지 해서 투자 매력도가 다하는 날이 언젠가는 올 것이다. 그때도 여전히 성공 투자자로 남기 위해서는 이차전지 외에도 업의 본질을 꿰뚫어 볼 수 있는 자신만의 능력 범위가 반드시 필요하니, 이를 위해 노력을 게을리하지 말아야 한다.

버핏의 투자 핵심이 '위대한 기업을 적정한 가격에 사서 죽을 때까지 보유한다'라고 할 때, 문제는 어떤 기업이 위대한 기업인가 하는 것이다. 도대체 어떤 특성을 가진 기업을 말할까? 버핏은 위대한 기업의 조건으로 '넓고 깊은 해자, 높은 ROE, 우수한 경영진' 등 세 가지를 꼽았다. 첫 번째 조건부터 살펴보자.

위대한 기업의 첫 번째 조건: 넓고 깊은 해자

훌륭한 사업은 깊은 해자를 갖고 있는 튼튼한 성과 같다. '해자'란 중세 유럽에서 적이 접근하기 어렵도록 성을 빙 둘러 파놓은 수로를 말한다. 버핏은 이를 비즈니스적 관점에서 경쟁자가 쉽게 넘보지 못할 기술력, 브랜드력, 원가 경쟁력 같은 총체적 경쟁 우위와 이를 장기간 유지할 수 있게 하는 진입 장벽의 개념으로 사용했다. 위대한 기업이란 우수한 수익성을 장기간 유지하면서 이익의 지속적 성장을 이루는 기업으로 정의할 수 있는데, 경쟁이 치열한 비즈니스 세계에서 이런 장점을 유지하는 데 반드시 필요한 것이 바로 넓고 깊은 해자다.

—— 어떤 회사가 경쟁사와 비슷한 수준의 제품을 제공하면서 더 오랫동안 나아질 거라고 믿는 건, 믿을 수 없을 만큼 오만한 생각이다.

워런 버핏의 이 말을 듣고 뜨끔해하는 경영자들이 많을 것이다. 독보적인 기술력으로 탁월한 제품을 제공하는 기업만이 넓고 깊은 해자를 가진 위대한 기업이다. 현재 대한민국 증시에는 3,000여 개의 기업이 상장되어 있다. 이 중 버핏의 기준을 충족하는 기업은 몇 개나 될까? 정말 열심히 찾아봐도 100개가 안 될 것이다.

위대한 기업의 주식을 일단 샀다면 섣불리 팔지 말고 오랫동안 보유해야 하는 이유가 바로 이것이다. 대충 10~30% 수익이 났다고 팔고 다른 주식을 찾는 식의 투자는 장기적으로 좋은 성과를 낼 수 없다. 당신이 운 좋게 위대한 기업에 투자해서 30% 수익을 내고 판 다음 다른 종목에 투자했다고 할 때 새로 찾은 기업이 위대한 기업, 그래서 투자할 가치가 있는 기업일 가능성은 고작 3,000분의 100밖에 되지 않는다. 확률로 보자면 3%라는 얘기다.

워런 버핏은 "비즈니스를 평가할 때 가장 중요한 건 '가격 전가력(pricing power)'이다. 만일 당신이 경쟁자에게 시장을 뺏기지 않으면서 가격을 올릴 힘을 갖고 있다면, 당신은 매우 좋은 사업을 갖고 있는 것이다"라고 말했다.

넓고 깊은 해자를 가진 기업은 가격을 지배할 수 있다. 매년 직원의 월급이 오르든 인플레이션으로 각종 원자재와 부품 가격이 오르든, 기업의 이익을 해칠 수는 없다. 비용이 오른 만큼 가격을 올리면 되니 말이다.

이런 가격 전가력을 가진 대표적인 기업이 바로 코카콜라다. 우리가 흔히 마시는 여러 종류의 음료수 중에서도 콜라는 좀 독특한 위치를 차지한다. 다른 음료수로는 대체 불가능한 콜라만의 어떤 면이 있다. 매년 코카콜라는 가격을 올리지만 그럼에도 판매량은 줄지 않는다. 콜라 산업이 성장 산업도 아니고 코카콜라 판매량이 매년 크게 늘지 않음에도 이 기업의 이익은 매해 꾸준히 늘어나는 이유가 바로 이것이다. 그래서 코카콜라는 '성장주'인 것이다.

— 山不在高 有仙則名(산부재고 유선칙명)

　山不在深 有龍則靈(수부재심 유룡칙령)

당나라 때 시인 유우석의 시 '누실명(陋室銘)'에 나오는 구절로, '산은 높아서가 아니라 신선이 살면 이름을 얻고, 물은 깊어서가 아니라 용이 살면 영험한 것이다'라는 의미다. 넓고 깊은 해자는 세계적인 기술이나 제품을 보유한 회사만이 가질 수 있다. 덩치만 크다고 좋은 기업인 것은 아니다. 신선이 살아야 명산이고 용이 머물러야 명천이듯이, 누구도 넘볼 수 없는 기술력과 독보적 제품을 가지고 있어야 위대한 기업이다.

'배터리 아저씨 8대 종목'이 나온 연유도 바로 이것이다. K 배터리 산업은 세계적인 경쟁력을 보유하고 있는데, 그중에서도 세계적인 기술력이나 제품을 보유한 8개 기업을 제시한 것이 바로 '배터리 아저씨 8대 종목'이다. 이 8개 종목의 주가 수익률이 이차전지 업종 중에서도 탁월했던 것은 결코 우연이나 행운이 아니다. 이들 기업은 넓고 깊은 해자를 갖고 있기 때문에 업종군 내 다른 기업들의 이익이 급전직하하는 와중에도 탁월한 성장을 기록했고, 그것이 그대로 주가에 반영된 것이다.

위대한 기업의 두 번째 조건: 높은 ROE

위대한 기업은 넓고 깊은 해자를 갖고 있어서 가격을 자기 마음대로 정할 수 있다. 그러면 필연적으로 평범한 기업과는 다른 수치상 특성을 갖게 되는데, 그것이 바로 높은 ROE다.

ROE는 그 기업에 투자된 자본으로 1년에 얼마를 벌어들였는가를 나타내는 지표다. 공식은 다음과 같다.

$$\bullet \quad ROE = \frac{당기순이익}{자본(자기자본)} \times 100(\%)$$

예를 들어 주주들이 1억 원을 모아 회사를 설립했고, 회사가 그 돈으로 1년간 1,000만 원의 이익을 거뒀다고 하자. 그러면 ROE는 '1,000만 원(당기순이익)÷1억 원(자기자본)×100', 즉 10%'가 된다.

잘 경영되는 회사는 당연히 마진이 많이 남을 것이다. 기업의 이익 능력을 나타내는 지표를 수익성 지표라고 하는데, 얼마를 팔아서 얼마를 남겼는가 하는 매출액 대비 영업이익률과 매출액 대비 순이익률이 대표적이다. 그 밖에 총자산(자기자본+부채)으로 한 해 얼마를 벌었는가를 알아보는 총자산이익률(Return on Assets, ROA) 등 여러 가지가 있다.

버핏이 높은 ROE를 중시한 이유는 무엇일까?

먼저, 가장 본질적인 이유로 기업은 주주들의 돈을 대신 불려주는 기계이니만큼 주주들이 맡긴 돈으로 많은 돈을 벌어 오는 기업이 좋은 기업일 수밖에 없다. 주주의 돈 1만 원으로 매년 5,000원씩 벌어 오는 기업(ROE 50%)이 1,000원밖에 못 벌어 오는 기업(ROE

10%)보다 월등히 좋다는 건 두말할 나위가 없다.

더 중요한 또 하나의 이유는 ROE가 높은 기업은 '스노볼 효과 (snowball effect)'를 누릴 수 있다는 것이다. 스노볼 효과는 눈이 뒤덮인 산꼭대기에서 눈 뭉치를 굴리는 모습을 상상해보면 직관적으로 이해할 수 있다. 주먹만 한 눈 뭉치를 굴려도 산비탈로 내려가면 내려갈수록 점점 더 커져서 집채만 해지지 않는가. 여기서 눈 뭉치는 복리 효과를 의미한다. 즉, ROE가 높은 기업은 시간의 경과에 따른 복리 효과를 최대한 누리게 된다.

기업이 작을 때는 분모인 자기자본이 작기 때문에 적은 이익으로도 높은 ROE를 기록할 수 있지만, 기업이 점차 커지면서 내부 유보금이 쌓이기 시작하면 분모인 자기자본이 커져서 더 많은 이익을 거두어야만 높은 ROE 수준을 유지할 수 있다.

회사가 거대 기업이 된 상태에서도 높은 ROE를 유지한다는 것은 경영진이 자본 재배치, 수익성 높은 신규 사업 발굴 등을 통해 주주 재산의 선량한 관리자로서 노력을 다하고 있음을 의미한다.

버핏이 오랫동안 투자한 코카콜라의 2022년 ROE는 40.5%, 포트폴리오에서 가장 큰 비중을 차지하는 애플(Apple)은 무려 175.5%에 달한다. 이에 비해 대한민국 대표 기업 삼성전자의 최근 4개년(2020~2023) 평균 ROE는 11%이고, 현대차는 7.9%에 불과하다. 버핏은 ROE가 15% 이상인 기업에만 투자하는 것으로 알려져 있는데, 안타깝게도 대한민국 굴지의 우량주로 여겨지는 삼성전자와 현대차는 버핏의 기준으로는 투자할 만한 대상이 아닌 셈이다. 이는 우리나라 대표 기업의 CEO들이 주주 권익의 대변인이라는 역할에 소홀하다는 반증이기도 하다.

참고로 '배터리 아저씨 8대 종목'의 3개년(2021~2023) 평균 ROE는 다음과 같다.

〈도표 2-1〉 '배터리 아저씨 8대 종목'의 3개년(2021~2023) 평균 ROE

(단위: %)

기업명	LG에너지솔루션	SK이노베이션	에코프로비엠	포스코퓨처엠	LG화학	나노신소재	POSCO홀딩스	에코프로
ROE	8.7	4.4	21.8	7.3	10.4	10.0	8.6	21.0

표를 보니 어떤 생각이 드는가? 버핏의 기준 15%를 넘어서는 기업은 이 중 에코프로와 에코프로비엠밖에 없으니 뭔가 잘못된 것 아닌가 하는 생각이 들 것이다. PER도 그렇지만(3장에서 자세히 다룬다), ROE를 적용할 때도 신중하게 고려해야 할 부분이 있다.

첫째, 미래의 ROE가 중요하다는 점이다. 과거의 PER이 아무런 의미가 없는 것처럼 ROE도 마찬가지다. 모든 투자는 미래의 결실을 위한 것인데 과거에 ROE가 높았다는 사실이 내가 투자한 이후, 즉 내 몫이 되는 미래의 ROE도 높으리라고 보장하는 건 아니다. 당연히 미래의 PER을 예상하는 것처럼 미래의 ROE를 예상해야 한다. 지금 K 배터리 주요 기업들은 선주문을 기반으로 대규모 투자를 진행 중이다. 매출로 당장 들어오는 현금보다 투자로 나가는 돈이 더 많고, 감가상각비 부담 때문에 이익이 과소평가되고, 이 때문에 ROE가 낮아질 수밖에 없다. 당연하게도, 이런 점을 보정해야 정확히 평가할 수 있다.

둘째, 기업이익은 변동성이 크며 일회성 이익이나 비용을 보정해야 한다는 점이다. 우리는 PER을 통해 기업의 '정상적' 이익 창출 능력을 알아보고자 하는 것과 마찬가지로 ROE를 통해서는 기업의 '정상적' 수익성을 파악하고자 한다. 이를 위해 장기간의 평균 ROE를 기준으로 생각하고 향후 ROE가 어떻게 변화할지까지 검토해봐야 한다.

셋째, 부채비율이 높으면 ROE가 높아진다는 점이다. 그래서 버핏은 '부채가 적으면서'라는 단서를 달았다. ROE가 같더라도 부채비율이 낮은 기업이 훨씬 더 수익성이 좋은 기업이다.

넷째, 높은 수준의 ROE는 반드시 낮아지려고 하는 '압력'을 받게 된다는 점이다.

ROE가 높다는 것은 수익성이 높은 사업이라는 얘기이니 필연적으로 경쟁 업체가 뛰어들 유인이 된다. 그러므로 높은 수준의 ROE를 계속 유지하기 위해서는 앞서 언급한 넓고 깊은 해자가 반드시 필요하다. 결국 '위대한 기업', '넓고 깊은 해자', '높은 ROE의 유지'

는 하나의 사실을 각기 다른 세 방향에서 보는 것과 마찬가지다.

위대한 기업의 세 번째 조건:
유능하고 도덕적인 경영진

넓고 깊은 해자를 잘 관리하고 그 결과 높은 ROE가 계속 유지되는 위대한 기업에는 반드시 유능하고 도덕적인 경영진이 있게 마련이다. 역으로, 유능하고 도덕적인 경영진이 없다면 해자는 곧 메워지고 그 결과 ROE 수준이 낮아져서 한때 위대했던 기업일지라도 평범한 기업으로 전락하고 말 것이다. 그래서 위대한 선장, 유능하고 도덕적인 경영진이 꼭 필요한 것이다.

아무리 배가 튼튼하고 우수한 선원으로 채워져 있다고 하더라도 위대한 선장이 없다면 어떤 일이 생길까? 곧 그 배는 좌초되든지, 엉뚱한 곳으로 가든지, 머나먼 이국에서 싣고 온 귀중품이 몰래 빼돌려지든지 할 것이다. 투자 기간이 길면 길수록 경영진의 능력과 도덕성은 더욱 중요해진다.

그러면 능력 있는 경영진, 위대한 선장의 덕목은 무엇일까? 나는 첫째 혜안, 둘째 뚝심, 셋째 소통 능력을 갖춘 사람이어야 한다고 생각한다.

위대한 선장의 첫째 덕목은 혜안이다. 어디로 가야 보물이 있는지, 어떤 항로를 선택해야 빠르고 안전한지 등 다가올 미래를 내다보고 그에 맞는 계획을 세워 비전을 제시하는 것이 가장 먼저 해야 할 일이다.

대표적인 인물로 에코프로 이동채 전 회장을 꼽을 수 있다. 2017년, 그는 향후 이차전지 산업에서 '광물 – 전구체 – 양극재 – 폐배터리 리사이클'로 이어지는 수직 계열화가 핵심 경쟁력이 될 것으로 내다봤다. 그리고 2018년에 포항 영일만 산업단지에 관련 공장을 모두 포함하는 '에코배터리 포항 캠퍼스' 건설에 착수했다. 2022년부터 전구체, 리튬, 양극재 공장이 속속 완공되면서 드디어 윤곽을 드러내기 시작했고, 각 캠퍼스 내 생산공정을 유기적으로

〈도표 2-2〉 에코프로의 클로즈드 루프 에코시스템

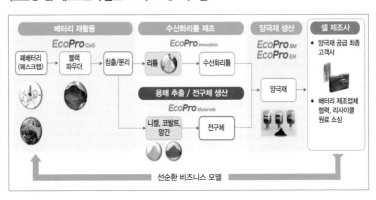

자료: 에코프로

연결해 다양한 소재를 빠른 시간 내에 공급하는 일관생산 체계를 완성했다. 이를 '클로즈드 루프 에코시스템(Closed Roof Ecosystem)'이라고 부른다.

2022년 8월에 미국의 인플레이션 감축 법안(Inflation Reduction Act, IRA)이 통과되면서 리튬과 전구체 등 광물자원의 국산화가 시급하고도 중요해졌다. 이런 상황이 되자 이동채 회장의 혜안이 더욱 주목받았다. IRA가 통과되기 5년 전에 이미 이를 내다보고 대비를 해왔기 때문에 현재 에코프로가 당장 시급한 리튬과 전구체의 국내 생산이 가능한 회사가 된 것이고, 이는 2023년 주가 10배 이상 상승으로 이어졌다.

위대한 선장의 두 번째 덕목은 뚝심이다. 망망대해를 장기간 항해할 때 태풍, 격랑, 암초, 무더위, 식량과 식수 부족, 전염병, 해적 출몰 등 예상치 못한 수많은 위기를 맞이할 수 있다. 현대의 비즈니스 세계도 마찬가지여서 기업에는 다양한 위기가 닥쳐오게 된다. 이런 위기 상황을 잘 헤쳐나가 원하는 목표까지 이끌어가는 데 꼭 필요한 것이 바로 리더의 뚝심이다.

이 역시 에코프로에서 실제 사례를 볼 수 있다. 에코프로는 2004년 노무현 대통령의 '전기차용 양극재 개발 국책 과제' 사업에 제일모직과 함께 뛰어들었다. 그러다가 2007년 제일모직이 백기를 들었고, 에코프로가 그 사업을 양도받아 개발을 지속했다. 수익은 요원했고 적자가 쌓여갔지만 있는 돈 없는 돈 쏟아부으며 연구개발을 거듭한 결과, 12년 3개월 만에 흑자를 기록하게 됐다. 그리고 동시에 세계 최고의 양극재회사로 우뚝 섰다. 이동채 회장의 이런 뚝심이 없었다면 지금의 에코프로그룹은 존재할 수 없었을 것이다.

위대한 선장의 세 번째 덕목은 소통 능력이다. 아무리 위대한 선장이라도 모든 일을 혼자서 해낼 수는 없다. 선원들이 뜻을 모아 한 방향으로 나아가게 하려면 리더의 비전을 함께 나누며 선원들 각자가 신이 나서 일하게 하는 동기부여가 꼭 필요하다. 이를 가능케 하는 것이 바로 리더의 소통 능력이다.

이동채 회장은 젊은 시절부터 밥 사는 데 돈을 아끼지 않는 사람이었다고 한다. 12년 3개월간 아무런 성과도 없이 돈만 까먹던 시절, 그 고통과 인고의 시기에도 늘 직원들과 밥을 같이 먹고 반주도 한잔하면서 허심탄회하게 이야기를 나누곤 했다. 그처럼 소통을 게을리하지 않았기에 결국 세계 최고의 양극재 제품군 다수를 내놓은 회사로 우뚝 서게 됐다.

이렇게 혜안과 뚝심과 소통 능력을 갖춘 우수한 경영진은 자사의 넓고 깊은 해자를 견고히 지켜나가는 원동력이 된다. 경쟁자들이 그 해자를 메우려 할 때마다 현명하게 물리쳐서 높은 ROE를 지속적으로 유지할 수 있게 한다. 하지만 위대한 기업이 되기 위해선 이 세 가지 외에 하나가 더 필요하다. 바로 '도덕성'이다.

반면교사의 사례를 들어보겠다. 2022년 6월, 포스코그룹이 인천 송도에 있는 18홀 회원제 골프장 잭니클라우스GC를 약 3,000억 원에 인수했다. 홀당 160억 원이 훌쩍 넘는, 골프장 거래 사상 최고가로 거래 가격에 거품이 끼었다는 지적이 있었다. 앞서 우리나라 대기업의 ROE가 미국의 대형 기업과 비교할 때 현저히 낮다고 지적했는데, '골프장 인수' 같은 저수익 혹은 무수익 사업에 자본을 투입하는 일이 잦기 때문이다. 비단 포스코뿐만이 아니다. 우리나라 재벌 그룹 중에서 골프장, 호텔, 병원 등을 안 갖고 있는 곳을 찾기가 오히려 어렵다.

이런 저수익 혹은 무수익 자산은 자본(분모)은 늘리면서 이익(분자)에는 기여하지 않기 때문에 필연적으로 ROE(이익/자기자본)가 하락할 수밖에 없다. 이는 우리나라 재벌, 이른바 '오너'들이 기업을 자신의 소유물로 여기고 소액 주주들에 대한 책임감이라는 '도덕성'은 갖추지 못했기 때문에 나타나는 현상이다.

경영진은 주주들이 맡긴 귀중한 돈을 잘 불려서 크게 돌려주어야 한다는 사명감을 가져야 한다. ROE는 주주들의 돈을 계속해서 더 높은 수익이 기대되는 사업에 투자해야만 유지된다. 더 높은 수익이 기대되는 사업이 없을 때는 자사주를 사서 소각하는 방법도 있다. 코카콜라, 애플이 매년 자사주를 취득하여 소각하는 이유가 바로 ROE를 유지하기 위해서다. 버핏이 특정 기업을 살 때 지분율을 십수 퍼센트씩 확보하여 주요 주주의 자격을 갖는 것도 이런 자사주 매수 후 소각 같은 자본 재배치 전략에 관여하기 위해서다.

그러나 대한민국의 재벌 등 대주주들은 주주들이 맡긴 돈을 마치 제 호주머니의 돈처럼 여긴다. 이른바 '코리아 디스카운트(Korea discount)'의 주요 요인 중 하나인 이런 악습은 반드시 고쳐져야 한다.

피터 린치의 투자 비법

직접 뛰면서 수익을 만든 피터 린치

피터 린치(Peter Lynch)는 1977년부터 1990년까지 2,500%(연평균 복리수익률 28%) 이상의 누적수익률을 올려 명실상부한 '월가의 영웅'으로 불린다. 세계적 자산운용사 피델리티 인베스트먼트(Fidelity Investments)의 주력상품이었던 마젤란 펀드(Magellan Fund)를 처음 담당하던 때보다 500배나 성장한 140억 달러 규모로 키워냈을 뿐만 아니라 단 한 해도 마이너스 수익률을 기록하지 않은, 그야말로 경이로운 수익률을 기록한 역사상 가장 유명한 펀드매니저다.

1990년에 은퇴한 후 그는 세 권의 책을 직접 썼는데《전설로 떠나는 월가의 영웅》,《이기는 투자》,《투자 이야기》가 그것이다. 린치는 위대한 투자자인 동시에 훌륭한 작가이자 뛰어난 유머 감각의 소유자이기도 하다. 쉽고 위트가 넘치며 크게 공부가 되는 책인만큼 나는 만나는 사람마다 꼭 읽어보라고 권한다. 특히 첫 번째 저서 《전설로 떠나는 월가의 영웅》은 100만 부가 넘게 팔린 베스트셀러로 투자의 고전 반열에 올랐다.

피터 린치가 마젤란 펀드에서 만들어낸 기록적인 수익률은 대부분 발로 이룬 것이다. 원래 커리어를 애널리스트로 시작한 그는 수많은 기업을 방문하면서 시장의 관심에서 소외된 다수의 '10루타 종목(ten bagger)'을 발굴해냈다. 그는 자기 눈으로 직접 확인한 것만 팩트로 받아들였는데, 이런 꼼꼼함과 집요함이 그의 성공에서 가장 큰 역할을 한 것으로 평가받는다.

그는 늘 확인과 공부를 강조했다. 그가 펀드매니저의 전설로 남을 수 있었던 것은 남들보다 더 많이 발로 뛰면서 기업 현장을 누비고 여러 사실을 정밀하게 크로스 체크(cross check)하며 확인하는 집요함을 가졌기 때문이다. 린치는 이와 관련된 재치 있는 비유도 많이 남겼다.

—— 공부하지 않고 투자하는 것은 포커를 하면서 카드도 안 쳐다보는 것과 다름이 없다.

— 부동산에서는 돈을 벌고 주식에서는 돈을 잃는 데는 이유가 있다. 집을 선택하는 데는 몇 달을 투자하지만 주식을 선택하는 데는 몇 분밖에 투자하지 않기 때문이다.

10루타 종목을 찾아라: PEG

피터 린치의 주특기는 다른 증권사나 운용사에서 관심을 가지지 않는 중소형주를 발굴해 매수한 뒤 장기간 보유하다가 그 회사가 크게 성장했을 때 매도하는 방법이었다. 미국은 워낙 땅이 넓은 나라이기에 특정 주에서 크게 인기를 얻은 프랜차이즈가 점차 다른 주로 영업망을 넓혀가는 과정에서 성장이 이뤄지는 경우가 많다. 그런데 미국의 대형 투자기관들은 주로 뉴욕에 몰려 있기 때문에 멀리 떨어진 주에서 벌어지는 이런 사례들을 잘 알지 못했다. 하지만 린치는 먼 거리를 달려가서 직접 눈으로 보고 꼼꼼히 크로스 체크를 한 후 투자하여 크게 수익을 거두곤 했다. 린치의 10루타 종목인 멕시코 음식 패스트푸드점 타코벨(Taco Bell), 대형 할인점 월마트(Wall Mart), 의류 소매 업체 갭(Gap)이 이런 방식으로 발굴됐다.

이런 프랜차이즈형 기업들은 한 도시에서 성공 요령을 터득한 다음, 이 성공 공식을 다음 도시에도 적용하며 확산시켜나갔다. 미국의 주가 50개나 되는 만큼, 이 과정에서 매출과 이익이 경이적으로 증가하므로 주가도 어지러울 정도로 치솟았다.

이런 형태의 고성장 기업들은 늘 PER이 높을 수밖에 없다. 고성장성이 주가에 반영되는 데다 타지역으로 매장을 확장하는 과정 초기에는 설비투자 비용, 광고 마케팅 비용 등이 집중 투입되므로 매출액 대비 이익률이 낮을 수밖에 없기 때문이다. 그래서 린치는 PER에다 성장성을 보강한 밸류에이션 지표를 구상해냈는데, 바로 PEG다. 'Price Earnings to Growth ratio'의 약어로 '주가순이익 성장비율'이라고 한다. PEG는 PER을 3개년 혹은 5개년 평균 EPS 성장률로 나누어 계산하며, 성장성 대비 적절한 수준의 PER 수준을 가늠하는 밸류에이션 지표다.

- $PER = \dfrac{주가}{주당순이익(EPS)}$

- $PEG = \dfrac{PER}{EPS\ 성장률}$

린치는 PEG 0.5 이하에서 매수하고 1.5 이상이 되면 매도하는 것을 원칙으로 했는데, 이 기준이 현시점에는 맞지 않는다는 점을 이해할 필요가 있다. 린치가 주로 활동했던 1980년대는 미국 증시가

장기 침체에서 막 벗어나 대세 상승장으로 진입하는 시점이어서 미 증시의 밸류에이션 수준 자체가 지금보다 현저히 낮을 때였다. 그래서 린치의 기준을 현시점에 그대로 적용하면 매수 가능한 주식이 거의 없고 너무 빨리 팔게 될 수 있다.

예를 들어 〈도표 2-3〉을 보자. 2020년 9월 나스닥 주요 종목의 PEG를 정리한 것인데 린치의 기준에서 매수할 종목, 즉 PEG 0.5 이하인 종목이 아예 없다. 게다가 넷플릭스 하나 빼고는 모두 매

〈도표 2-3〉 2020년 9월 기준 나스닥 주요 종목의 PEG

종목코드	종목명	가격(달러)	PER	성장률(%)	PEG	가정
NFLX	넷플릭스	469.96	74	54	1.39	2년
ADBE	어도비시스템즈	467.55	55	36	1.54	3년
MSFT	마이크로소프트	200.39	35	22	1.55	4년
V	비자	202.61	32	20	1.63	5년
WMT	월마트	135.29	29	12	2.38	3년
GOOGL	알파벳A	1,451.09	32	13	2.45	4년
SBUX	스타벅스	84.95	29	11	2.57	4년
AAPL	애플	106.84	33	12	2.73	3년
NVDA	엔비디아	487.57	58	21	2.81	3년
KO	코카콜라	50.45	24	9	2.85	4년
ASML	ASML홀딩스	366.34	45	12	3.78	3년
JNJ	존슨앤존슨	149.18	21	5	4.07	5년
NKE	나이키	114.66	65	15	4.47	3년
AMD	AMD	74.93	144	27	5.24	2년
TSLA	테슬라	442.15	251	39	6.44	가상값
AMZN	아마존	2,954.91	114	14	8.31	2년

자료: 모닝티 블로그

<정표 2-4> 나스닥 종합지수(주봉, 2019~2023)

자료: 인베스팅닷컴

도 기준을 넘긴다.

〈도표 2-4〉에서 동그랗게 표시해놓은 부분이 2020년 9월이다. 나스닥 지수는 2020년 9월 1만 1000포인트 수준에서 이후 2022년 1월 1만 6000포인트까지 추가로 45%나 더 올랐다. 린치의 원칙을 무비판적으로 따랐다면 크게 후회했을 것이다. 시대가 바뀌고 세상이 바뀌면 그에 따라 원칙도 다듬어야 한다는 점을 다시 한번 증명해주는 사례다.

PEG를 적용할 때 명심해야 할 또 한 가지는 PEG 수치가 같은 종목이 여럿일 때 성장성이 높은 종목의 투자 가치가 훨씬 더 높다는 사실이다.

예컨대 PER이 10이고 EPS 성장률이 10%이면 PEG는 1이다.
또 PER이 20이고 EPS 성장률이 20%일 때도 PEG는 동일하게
1이다. 이럴 때는 고성장에 고PER인 후자를 선택하는 것이 훨씬
더 유리하다는 뜻이다.

PER이 같다면 고성장 기업을 택하라

'모닝티회계사'님의 자료를 보면(〈도표 2-5〉 참조), 엔비디아(NVIDIA)
와 코카콜라의 PEG는 2.5로 동일하다.

다만 엔비디아의 성장률이 20%로 코카콜라의 10%보다 더 높
다. 한국식 교조적 가치투자자는 PER이 25로 낮은 코카콜라를 선
택할 가능성이 큰데, 가치를 잘못 이해해서 발생하는 판단 착오다.

〈도표 2-5〉 엔비디아와 코카콜라의 재무 지표

구분	PER	주가	주당 이익	성장률	PEG	10년 후 주당 이익	10년 후 PER	10년 후 예상 주가	실현 손익	10년 후 수익률
엔비디아	50	50	1	20%	2.5	6.19	25	155	105	210%
코카콜라	25	50	2	10%	2.5	5.19	25	130	80	159%

자료: 모닝티 블로그

구분	Fy 2021	Fy 2022	Fy 2023	Fy 2024	Fy 2025	Fy 2026	Fy 2027	Fy 2028	Fy 2029	Fy 2030
엔비디아	1.20	1.44	1.73	2.07	2.49	2.99	3.58	4.30	5.16	6.19
코카콜라	2.20	2.42	2.66	2.93	3.22	3.54	3.90	4.29	4.72	5.19

자료: 모닝티 블로그

10년 후 엔비디아의 EPS는 1달러에서 6.19달러로 6.19배 늘어나는 반면, 코카콜라는 2달러에서 5.19달러로 2.595배 늘어난다(〈도표 2-6〉 참조). 각각의 10년 뒤 EPS에 PER을 곱해서 직징 주가를 구해보면 다음과 같다.

- 엔비디아: 6.19×50 = 309.5(+519%, 연 20%)
- 코카콜라: 5.19×25 = 129.8(+160%, 연 10%)

엔비디아를 10년 보유할 때의 이익이 총 519%, 연평균 20%인 반면 코카콜라는 총 160%, 연평균 10%에 그치게 된다. 1억 원을 똑같이 투자해서 10년간 보유할 경우 저성장·저PER인 코카콜라는 2억 6,000만 원에 그치는 반면 고성장·고PER인 엔비디아는 6억 1,900만 원이나 된다.

왜 한국식 가치투자의 성과가 형편없는지 이해가 됐을 것이다. '저PER+저성장주(속칭 가치주)' 조합은 장기 성과에서 결코 '고PER+고성장주(속칭 성장주)' 조합을 절대 당해낼 수 없다. 중요한 것은 언제든 성장이 최우선이고 밸류에이션은 그다음이라는 사실이다. 저PER에 집착하다가 고성장주를 영영 놓치는 것만큼 바보 같은 투자도 없다. 물론 이익 성장이 동반되지 않고 무늬만 성장주인 이른바 '거품주'와 진짜 성장주는 가려낼 수 있어야 할 것이다.

조지 소로스가
시장을 이해하는 방법

가치와 가격은 재귀적으로 영향을 미친다

앞의 인물들과는 결이 좀 다지만, 가치를 논할 때 조지 소로스
(George Soros)를 빼놓을 수 없다. 조지 소로스는 헝가리계 유대인
으로, 1973년 짐 로저스(Jim Rogers)와 함께 역사적 헤지펀드인 퀀
텀 펀드(Quantum Fund)를 설립하여 운영한 전설적인 펀드매니저
다. 1990년 영국 파운드화를 공매도하여 큰 수익을 거두면서 널리
알려졌으며, 그 일로 '영란은행을 무너뜨린 사나이'라는 별명을 얻
기도 했다.

그는 투자자라기보다는 가격의 흐름을 예측하고 베팅하는 투기
자(speculator)에 가깝다. 투자 대상 또한 주식에 국한하지 않고 원

자재·화폐 등 다양한 자산에 때로는 롱(매수 포지션), 때로는 숏(매도 포지션)을 자유롭게 구사했다. 이 과정에서 레버리지(차입을 통해 투자금을 키우는 행위)도 유연하게 사용했다. 당연히 시장 가격의 메커니즘에 더 관심을 가질 수밖에 없었을 것이다. 시장 가격의 움직임에 대한 그의 고찰을 정리한 것이 바로 재귀성 이론(Reflexity Theory)이다.

소로스는 1994년에 출간한 《금융의 연금술》에서 자신이 시장을 이해하는 방법론으로 재귀성 이론을 제시하고, 실제 이 이론을 활용한 투자 결과를 자세히 밝혔다. 재귀성 이론을 한 문장으로 요약하면 다음과 같다.

── 가치는 가격에 영향을 미치고, 그 가격은 다시 가치에 영향을 미친다.

주류 경제학과 표준 투자론에서는 가치가 원인이고 그 결과가 가격이라고 생각한다. 기업의 가치가 증가하면 그 결과로 주가가 올라간다는 것이다. 단선적인 '인과론'을 취하는 셈이다. 이에 비해 소로스의 재귀성 이론은 '원인과 결과가 고정되지 않고 상호 재귀적으로 영향을 미친다'고 본다. 기업가치 증가라는 원인으로 주가 상승이 발생한 다음, 이 주가 상승이 다시 기업가치를 증가시키고,

기업가치가 증가한 만큼 재차 주가 상승이 일어나는 '일련의 연쇄 효과'가 나타난다는 것이다.

테슬라(Tesla)를 예로 들어보겠다. 이 회사는 설립 후 10여 년간 이익을 내지 못하고 있었다. 그러나 일론 머스크(Elon Musk)라는 희대의 인물이 테슬라에 대한 시장의 관심을 불러일으킴으로써 적자 상태에서도 주가는 지속 상승했다. 테슬라는 높은 주가를 바탕으로 쉽게 자본을 조달할 수 있었고, 이 돈으로 생산 시설을 계속 증설했다. 결국 2019년에 연간 30만 대분의 전기차 생산라인이 완성됐고 드디어 흑자 기조로 전환됐다. 2020년에 들어서면서 주가는 빠르게 치솟기 시작했고, 이는 CAPA(capacity, 생산 능력)를 빠르게 증설할 수 있는 원동력이 됨으로써 다시금 기업가치 상승 요소로 작용했다. 그 결과 2020년 말경에는 전 세계 자동차 제조사를 다 합친 것보다도 더 큰 시가총액의 기업이 됐다. 소로스의 '재귀성 이론'을 제대로 보여줬다고 할 수 있다.

가는 놈이 더 가고, 떨어지는 놈은 더 떨어진다

재귀성 이론의 주요 내용을 다음과 같이 정리해볼 수 있다.

- 경제 실체와 금융시장은 서로 영향을 미친다.
- 경제 실체에 생겨난 불균형은 시정되지 않고 점차 확대되는 경향이 있다.
- 금융시장에 일어난 어떤 변화는 하나의 경향으로 자리 잡게 된다.

통상 생각하듯이 경제 실체가 금융시장에 영향을 미치는 단방향이 아니라, 경제 실체와 금융시장이 서로 영향을 미치는 양방향성을 띤다. 그 결과 하나의 '추세'가 형성되면 그 추세는 장기간 계속되는 경향이 있고, 추세의 말미에는 거품이 수반되어 결국 폭락으로 연결되는 붐앤버스트(Boom & Burst) 현상이 나타난다. 이것이 주식시장의 보편적 움직임이라는 것이 소로스의 주장이다.

〈도표 2-7〉은 신한금융투자가 소로스의 재귀성 이론을 도식화한 것이다. A 구간에서 사람들이 추세를 인식하게 되면 B~C 구간의 추세 상승 구간이 이어지고, D 구간의 1차 의심 단계를 거쳐 E~F 구간의 거품을 형성하는 급상승 구간이 뒤따르며, 이후 고점에서 갑자기 사람들이 현실과 기대 간 괴리를 인식하면서 투매를 동반한 폭락이 일어나는 것이 전형적인 흐름이다.

재귀성 이론은 상승 과정뿐만 아니라 하락 과정에도 그대로 적용된다. 기업가치의 감소로 주가가 하락하면, 하락한 주가로 인해

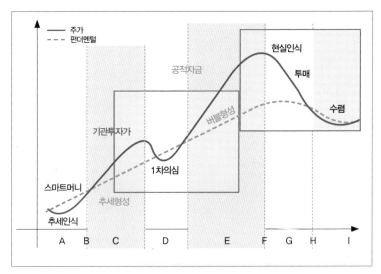

자료: 조지 소로스, 신한금융투자

기업가치는 더 감소하고, 이는 주가를 더욱 하락시킨다. 시장에서 흔히 하는 '바닥 밑에 지하실, 지하 1층 밑에 지하 2층, 지하 3층이 있다'라는 말이 이를 반영한 것이다. 주식 투자 초보일수록 '낙폭 과대주'나 '순환매' 등에 이끌리는 경향이 있는데 소로스도 말했듯이, 한번 형성된 추세는 상승이든 하락이든 상상외로 길어지는 경향이 있다. '달리는 말에 올라타라(상승하는 주식에 투자해라)', '떨어지는 칼날은 잡지 마라(하락 중인 주식은 되도록 피해라)'라는 말이 이 때문에 나온 것이다.

한국 증시에서의
밸류에이션 변천사

1980년대 말까지 대한민국에는 PER이 없었다

웬만한 투자자라면 주식을 살 때 PER이 얼마인가 정도는 반드시
확인할 것이다. 현재는 PER 없이 주식에 투자한다는 건 상상조차
하기 어려운 일이다. 그런데 1980년대 말까지만 해도 우리 증시
에는 PER이라는 것이 존재조차 하지 않았다. 믿기 어렵겠지만 말
이다.

　1970년대에는 증권사 지점(당시는 '객장'이라고 불렀다)의 대형 시
세판에 직원이 분필로 일일이 주가를 적었고, 고객들은 이를 보면
서 주식을 사고팔았다. 순전히 감과 정보에 의존한 매매가 주를 이
뤘고 밸류에이션이라는 용어조차 없었다.

1980년대에 투자자는 매일 아침 신문에 게재된 주가 시세표를 보고서야 보유한 주식의 등락을 알 수 있었다. 시시각각 변하는 주가를 확인하기 위해서는 직접 증권사 객장을 방문하거나 매번 전화해서 물어봐야 했다. 당시는 '트로이카 장세'라고 해서 무역, 건설, 증권주가 시세를 주도했다. 밸류에이션이 존재하지 않던 이 무렵, 주식은 주로 절대주가에 의해 움직였다. 예컨대 1980년대엔 금성사(현재의 LG전자)가 삼성전자보다 더 나은 회사여서(반도체 산업이 본격화되기 전이었고 가전은 LG가 더 좋았기 때문) 금성사가 3만 원이면 삼성전자는 2만 5,000원에 주가가 형성되는 식이었다. 당시 1등 증권사였던 대우증권이 상한가를 가면 그 아래의 럭키증권, 고려증권 등이 연달아 상한가에 들어가는 식으로 주가가 움직였다.

어찌 보면 미개한 듯도 하지만 1980년대 내내 한국의 증시는 뜨거웠다. 1980년 100포인트로 시작한 종합주가지수는 1986~1988년 3저(저금리, 저유가, 저달러) 호황의 붐을 타고 연일 상승을 거듭, 1989년엔 대망의 1000포인트를 넘어섰다. 9년간 10배가 오른 셈이니 정말 대단한 상승장이었다. 이는 주식 투자 인구가 급격히 늘어나는 결과로 이어졌고, 이전까지 몇몇 투기꾼의 전유물이었던 한국 증시는 기업들의 중요한 자금원이자 대한민국 경제의 한 축으로 우뚝 섰다.

1980년대 한국 증시는 촌스러웠지만 낭만적이었다.

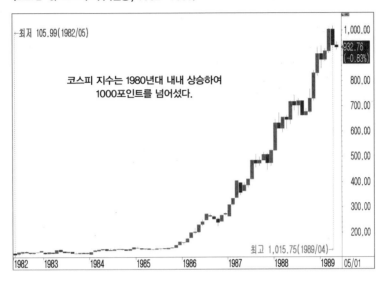

〈도표 2-8〉 코스피 지수(월봉, 1982~1989)

최저 105.99(1982/05)

코스피 지수는 1980년대 내내 상승하여
1000포인트를 넘어섰다.

최고 1,015.75(1989/04)

저PER 혁명이 일어나다

—— "외국인 들어오자 '저(低)PER주 투자' 러시…'우물 안' 개미들은
환호했다"

주식시장 문호를 처음 외국인에게 개방한 1992년 1월 3일. 외
국인은 약 9억 원어치 주식을 직접 매수하며 한국 자본시장에
첫발을 내디뎠다. 바다 건너 날아든 수십억 원의 '불씨'는 서울
여의도 증권거래소 전자게시판을 온통 붉은색으로 물들였다.

전체 766개 상장주 가운데 512개가 가격제한폭(기준가격별로 최고 6.7%)으로 치솟았다. 종합주가지수는 624.23으로 13.31포인트(2.2%) 뛰어올랐다.

증시 개방 원년인 1992년 외국인은 국내 증시에서 약 1조 5,000억 원어치를 순매수했다. 이후 25년여에 걸쳐 500조 원 규모의 국내 주식을 쓸어 담았다. 내재가치에 초점을 맞춘 종목 선정은 재료와 풍문에 의존해온 투자 행태에도 큰 변화를 일으켰다. 우물 안에 갇혀 있던 국내 투자자들은 이를 '저(低)PER주 혁명'으로 부르며 놀라워했다.

자료: 〈한국경제신문〉, 이태호 기자, 2018.11.23.

1989년 11월 1000포인트를 넘긴 종합주가지수는 이후 급격한 하락세로 전환됐다. 1980년대 내내 급격히 올라 시장 열기가 너무 뜨거워졌고 끝내 거품이 터진 것이다. 1989년 4월 1015포인트를 기록했던 종합주가지수는 불과 1년여 뒤인 1990년 9월 560포인트까지 거의 반토막이 났고, 뒤늦게 뛰어든 투자자들의 원성이 하늘을 찔렀다. 당시에는 사람들이 '주가 부양의 책임은 정부에 있다'라고 여겼기 때문에 대책을 요구하는 시위가 봇물 터지듯 일어났고, 성난 투자자들이 객장에 불을 지르는 일까지 벌어졌다.

고민하던 대한민국 정부는 1992년 1월 외국인에게 주식시장의 문호를 개방하기로 했다. 외국인들이 들어와 한국 주식을 사주면 주가 부양에 도움이 되리라는 계산에서 서둘러 시행한 것이다. 결과는 성공적이었다. 외국인 문호 개방 첫날 전체 766개 종목 중 512개가 상한가(당시 가격제한폭은 평균 6%)를 기록하는 기염을 토한 것이다. 1992년 한 해에만 당시로선 엄청난 규모인 1조 5,000억 원의 외국인 자금이 대한민국 증시로 몰려들었고 이는 1989년 이후 약세를 면치 못하던 한국 증시에 '가뭄 끝의 단비'로 작용했다.

—— "태광산업이 대우전자보다 비싸다고?"

외국인은 직접 투자 빗장이 풀리자마자 태광산업, 한국이동통신서비스(현 SK텔레콤), 신영(현 신영와코루), 대한화섬 등 주가수익비율(PER·시가총액/순이익)이 낮은 주식을 쓸어 담았다. 1992년 1월 증시 개방 당일 5만 원 수준이었던 태광산업 주가는 다음 달 증시 사상 처음으로 10만 원을 뛰어넘으며 화제의 중심에 섰다. 연초 태광산업 PER은 약 2배로 여전히 저평가 영역이었지만, 낯선 현상에 당황한 투자자들 사이에선 '저PER주 혁명'이란 말이 크게 유행했다.

브레이크 없는 상승으로 '황제주'로 불리던 태광산업은 1995년 주당 70만 원, 시가총액 8,000억 원을 돌파하며 주식의 적정 가치를 둘러싼 갑론을박에 불을 지폈다. 과거 트로이카주(건설·금융·무역)로 불린 삼성물산과 동아건설은 물론 대우전자와 현대자동차서비스(1999년 현대자동차와 합병)까지 능가했기 때문이다.

자료: 〈한국경제신문〉, 이태호 기자, 2018.11.23.

한 가지 놀라운 사실은 외국인들이 선호하는 주식은 1980년대를 풍미한 트로이카(건설, 무역, 증권)주가 아니었다는 것이다. 그 전까지 한국 투자자들이 크게 관심을 갖지 않았던 한국이동통신, 태광산업, 신영, 대한화섬 등의 주식을 외국인들은 미친 듯이 사들였다. 1992년 1월 5만 원이었던 태광산업 주가는 외국인 매수세가 집중되면서 불과 1개월 만에 한국 증시 사상 처음으로 10만 원을 돌파했다. 당시 한국 투자자들은 절대주가에 집착하는 등 주먹구구식이었기 때문에 외국인들이 왜 이렇게 비싼 가격에 태광산업을 사들이는지를 이해하지 못했다. 몇 년 뒤인 1995년에는 태광산업이 주당 70만 원까지 돌파했다.

어리둥절해하던 한국 투자자들은 한참이 지나서야 외국인들의 행동을 이해할 수 있었다. 외국인들은 'PER'이라는 밸류에이션 툴을 활용해 기업을 평가했는데, 주가가 10만 원이나 되는 태광산업의 PER이 불과 2밖에 안 됐던 것이다. 일련의 '저PER' 주식을 외국인들이 게걸스럽게 주워 담는다는 사실을 뒤늦게 알아차리고 한국의 투자자들 또한 이 대열에 동참했다. 이른바 '저PER 혁명'이 일어난 것이다.

그러고 보면 우리가 금과옥조처럼 여기는 PER이 한국 증시에선 불과 30여 년의 역사밖에 갖고 있지 않다. 시야를 돌려 미국 증시를 보더라도 1934년《증권분석》이후 채 100년이 안 되는 기간에만 PER이 존재했고, 그보다 더 긴 이전 300여 년 동안엔 미국에서도 PER은 없었다. 그럼에도 주식은 존재했고 거래는 늘 이뤄졌다. 이는 '저PER주를 사는 것만이 진정한 가치투자다'라는 식의 교조적 접근법이 얼마나 한심한 것인지를 여실히 드러낸다고 할 수 있다. PER은 주식의 적정 가치를 평가하기 위한 하나의 도구일 뿐이지, 그 자체가 마치 '성경이나 예수님'처럼 떠받들어야 할 대상은 아니다.

한국이동통신: 고성장과 저PER의 환상적 조합

1990년대 외국인 투자자의 저PER주 사냥은 정말 성공적이었고, 국내 투자자들 사이에 'PER'이라는 밸류에이션 툴이 자리 잡는 계기가 됐다. 절대주가나 무리 짓기 매매(한 업종의 대장주가 상승할 때 주변 관련주를 사는 매매 방법), 작전과 재료 등 주먹구구식 투자 방법에서 벗어나 밸류에이션이라는 명확한 근거를 갖고 접근하는 투자 방법으로 서서히 전환했다.

외국인 투자자들이 사랑한 저PER주 중에서도 단연코 최고의 종목은 '한국이동통신(현 SK텔레콤)'이었다.

외국인들이 처음 매수할 당시의 한국이동통신은 PER이 2배도 안 되는 저PER주였다. 그런데 이동통신사업은 1990년대 내내 급격한 성장세를 구가했다. 휴대전화 분야에서는 1990년대 초반 대당 수백만 원씩 하던 벽돌폰 시대에서부터 크기는 점점 작아지면서 성능은 더 좋아지고 가격도 더 저렴해지는 기술 발전이 일어났다. 1990년대 초반 한 자릿수였던 보급률이 1990년대 말이 되자 1인 1폰 시대로 돌입했고, 한국이동통신의 실적은 매년 크게 성장

〈도표 2-9〉 한국이동통신(현 SK텔레콤, 월봉, 1990~2000)

밸류에이션을 알면 10배 주식이 보인다

했다.

한국이동통신은 이익의 성장에 따른 주가 상승에다 저PER에서 고PER로의 멀티플 상승까지 더해지면서 10년간 4,163원에서 87만 4,759원까지 무려 210배의 주가 상승을 이뤄내는 대기록을 세웠다. 이렇듯 '저PER+고성장'은 최상의 조합으로, 많은 수의 10루타 종목이 바로 이 조합에서 나왔다. 물론 이런 조합은 극히 드물다. 시장이 비정상적으로 비합리적인 상태에서만 존재할 수 있는 조합이니 말이다. 하지만 드물다고 해서 아예 없는 것은 아니다. 마치 '진흙 속에 묻힌 진주' 같은 것이니만큼 눈을 크게 뜨고 이 환상의 조합을 찾으려는 노력을 게을리하지 말아야 한다.

가장 최근의 '저PER+고성장' 사례로는 에코프로를 들 수 있다. 2022년 6월 16일 〈서정덕TV〉에서 '에코프로 30배, 에코프로비엠 10배 간다'라는 방송을 했는데, 당시 에코프로 주가는 7만 5,000원이었다. 2022년 예상 PER이 3배였고, 영업이익이 2022년 한 해에만 860억 원에서 6,132억 원으로 613% 증가하는 고성장을 기록 중이었다. 당연히 주가는 크게 오를 수밖에 없었고 불과 1년여 만에 20배가 오르는 기염을 토했다. 이런 '저PER+고성장'의 황금조합이야말로 인생을 바꿀 주식인 셈이다.

두 번째 1000포인트 시대와 IMF

1990년대 대한민국은 여전히 한 해 GDP가 10% 가까이 증가하는 고성장 시대를 구가하고 있었다. 외국인 투자자에게 한국 증시는 매력적인 투자처였고, 정부에서 외국인 소유 한도 비율을 높일 때마다 매수세가 유입되면서 주가 상승의 기폭제 역할을 했다. 그 결과 1992년 여름 456포인트를 저점으로 상승으로 전환한 한국 증시는 1994년 11월 1145포인트를 기록, 두 번째 1000포인트 시대를 열었다.

그러나 기쁨도 잠시, 1970년대 이후 고속 성장을 이어오던 한국 경제에서는 관치경제, 부채 위주 성장, 재벌 그룹의 문어발식 확장 등 오랜 병폐가 마침내 폭발했다. 그로 인해 1997년 IMF 위기를 맞이했고, 1998년 6월 277포인트까지 혹독한 하락장이 이어졌다.

여기서 하나 주목할 부분은 IMF를 분기점으로 대한민국 증시의 평균 PER 수치가 확연히 달라졌다는 것이다. IMF 이전 대한민국 증시의 평균 PER은 20배였다. 20배를 기준으로 이상이면 고평가, 이하면 저평가 국면으로 여겼는데 IMF 이후에는 증시 평균 PER 수준이 10배로 급격히 낮아졌다. 이런 현상은 현재까지도 이어져 왔고, 다른 나라 대비 현저하게 낮은 수준의 PER로 거래되는 현상을 '코리아 디스카운트'라는 다소 자조적인 표현으로 부르고 있다.

〈도표 2-10〉 코스피 지수(월봉, 1988~1998)

최저 277.37(1998/06)

코스피는 1994년 고점 이후 1998년까지 혹독한 하락세를 보였다.

최고 1,145.66(1994/11)

IMF 이전 20배였던 대한민국 증시의 평균 PER이 IMF를 겪고 나선 왜 10배로 떨어졌을까? 그 이유는 아마도 첫째 고성장 국가에서 저성장 국가로의 전환, 둘째 IMF로 크게 손해 본 집단 기억에 따른 증시 회피 심리, 셋째 여의도 증권 문화의 후진성 등이 복합적으로 작용한 결과가 아닌가 싶다. 한편으로는 이 세 가지 요인이 바뀐다면 대한민국 증시의 평균 PER 수준이 높아질 수도 있다는 의미이기도 하다. 요컨대 첫째 이차전지 산업 같은 고성장 산업군의 등장, 둘째 증시에서 돈 번 사람들이 많아짐에 따른 증시 선호 심리, 셋째 후진적 여의도 증권 문화의 개혁이 이뤄진다면 고질적인 코리아 디스카운트가 해소될 수 있을 것이다. 그러면 대한민국 증시의 평균 PER이 미국 증시의 평균 PER 18배에 근접해가는 일이 일어날 수도 있다. 그렇게 될 수 있도록 산업계와 여의도 금융계, 깨어 있는 시민들 모두 다 같이 노력해야 할 것이다.

바이 코리아, 뉴 밀레니엄과 닷컴버블

IMF라는 초유의 위기 상황을 맞은 한국 증시는 1998년 6월 277포인트까지 하락에 하락을 거듭했다. 불과 몇 년 전만 해도 우량주로 불렸던 주식들이 부도나 상장폐지로 휴지 조각이 됐고, 운 좋게 상장폐지를 면한 주식들도 최고치 대비 10분의 1토막, 20분의 1토막이 비일비재했다. 1980년대 말 최고의 신랑감이었던 증권사 직원들은 전 재산을 탕진하고 거리로 내몰리거나 안타깝게 생을 마감해 사회면을 장식하기도 했다.

영원히 하락만 할 것 같던 대한민국 증시는 1998년 6월 277포인트를 저점으로 슬금슬금 올라가기 시작했고, 1999년이 되자 거짓말처럼 대상승 랠리가 펼쳐졌다. 당시 현대투신의 이익치 회장이 'Buy Korea 주식형 펀드'를 내놓았는데 증시의 회복과 애국심 고취에 힘입어서 일대 선풍을 불러일으켰다. 사람들은 언제 그랬냐는 듯이 다시 증시로 몰려들었고, 1999년 7월 불과 1년 만에 다

〈도표 2-11〉 코스피 지수(주봉, 1998~2000)

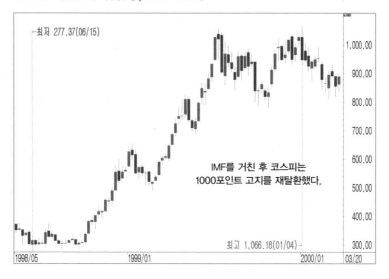

시급 1000포인트 고지를 탈환하여 1052포인트를 기록했다. 불과 1년 만에 지수가 무려 4배나 오른 셈이니 개별 주식 중에는 1년 만에 10배, 100배 오른 주식들이 수두룩했다.

특히 1999년 하반기에 불을 뿜은 것은 코스피보다는 코스닥이었다. 당시는 21세기라는 뉴 밀레니엄을 앞두고 다들 들떠 있었고, 특히 인터넷이라는 혁명적인 신문물의 등장으로 흥분이 극에 달했다. 말 그대로 비이성적 과열(irrational exuberance)이 세상을 지배하던 시절이었다. 사람들은 PER 따위의 밸류에이션은 잊기 시작했다. 인터넷과 관련된 주식은 끝도 없이 오르고, 인터넷과 상관없는 기업은 '굴뚝산업'으로 묶여 외면당하며 끝도 없이 내리는 일이

<図표 2-12> 코스닥 지수(주봉, 1998~2000)

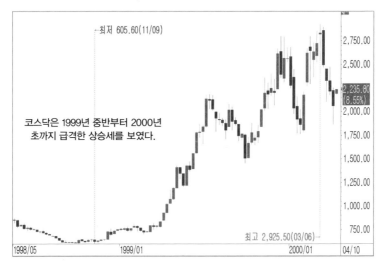

코스닥은 1999년 중반부터 2000년
초까지 급격한 상승세를 보였다.

최저 605.60(11/09)

최고 2,925.50(03/06)

벌어졌다. 적자여서 PER이 계산조차 되지 않는 새롬기술(현 솔본)
이 146배 오를 동안 굴뚝산업에 해당하는 롯데칠성은 PER 0.8배
까지 하락하는 극단적 양극화 장세가 펼쳐졌다.

새로운 밸류에이션 툴이 나타날 때가 가장 조심해야 할 때라는
말이 있는데, 당시가 그랬다. 그즈음 인터넷 기업들은 다 적자여서
전통적 밸류에이션 툴인 PER 등은 아예 적용 자체가 불가능했다.
그래서 고안된 가치평가 툴이 '가입자당 가치'나 'PSR(Price to Sales
Ratio, 매출액 대비 주가 비율)' 등이었는데, 이후 거품이 꺼지자 이 새
로운 밸류에이션 툴들은 흔적도 없이 사라졌다. 최근 코로나 버블
시기인 2020~2021년에도 이와 유사한 일이 있었다. 'PDR(Price

〈도표 2-13〉 새롬기술(주봉, 1999~2000)

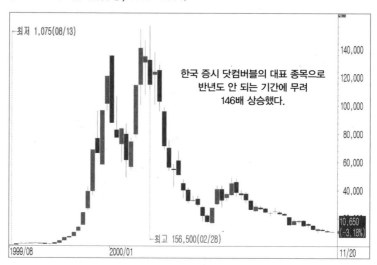

한국 증시 닷컴버블의 대표 종목으로
반년도 안 되는 기간에 무려
146배 상승했다.

〈도표 2-14〉 롯데칠성(주봉, 1998~2000)

굴뚝산업으로 분류돼 닷컴버블 기간에
오히려 하락했다.

Dream Ratio, 주가 꿈 비율)'이라는 새로운 밸류에이션 툴이 바로 그 것이다. 과거 닷컴버블 때 그랬던 것과 마찬가지로 지금은 흔적도 없이 사라졌고, 관련 기업들의 주가는 큰 폭의 하락을 면치 못하고 있다.

가치주 열풍

2000년 3월, 영원할 것 같았던 닷컴버블은 거짓말처럼 사라졌다. 1999~2000년에 걸쳐 146배가 올랐던 새롬기술은 불과 1년 만에 97%나 폭락하고 말았다. '가입자당 가치', 'PSR' 등 뉴 밀레니엄 닷컴버블을 지탱했던 뉴 밸류에이션 툴은 흔적도 없이 사라졌고, 구시대의 유물로 여겨졌던 'PER' 등 전통적 밸류에이션 툴이 위력을 되찾았다.

역시 기업은 돈을 벌어다 주는 기계이고 돈을 잘 벌어 와야 좋은 기업이라는, 동인도회사에서 비롯된 주식 투자의 본질은 변함이 없다는 사실을 사람들은 새삼 깨닫게 됐다. 닷컴버블 시절 '나이 들어서 한물갔다'고 놀림받던 워런 버핏은 닷컴버블에 현혹된 투자자들이 고통받던 그 시절에 오히려 대규모 투자수익을 거뒀고, 다시금 사람들의 존경을 받게 됐다.

2000년대 초반 시장을 주도한 것은 저PER, 저PBR 등 이른바 '가치주'였다. 닷컴버블 내내 굴뚝산업이라고 무시당하던 주식들이 거짓말처럼 수십 배의 상승을 기록했고, 닷컴 유행 내내 '굴욕과 멸시'를 견뎌야 했던 이른바 '가치투자자'들이 영웅으로 떠올랐다. 이때 크게 부와 명성을 얻은 사람들이 한국투자밸류자산운용의 이채원 대표(현 라이프자산운용 의장), VIP자산운용 최준철 대표 등이다.

새롬기술 등 닷컴 주식들이 연일 랠리를 펼칠 때 굴뚝주 롯데칠성은 연일 약세를 면치 못했다. PER 2배여서 더할 나위 없이 싸다고 생각해 샀는데 PER 0.8배까지 내려갔으니 무려 60%가 하락한

〈도표 2-15〉 롯데칠성(월봉, 1999~2007)

셈이다. 그 상황에서 더는 견디지 못해 손절하고 연일 상승하는 닷컴 쪽으로 넘어간 사람들도 많았다. 그러나 이채원 대표, 최준철 대표 등은 가치에 대한 믿음을 버리지 않고 꿋꿋이 버텼고 이후 저점 대비 30배 상승이라는 큰 선물로 보상받았다.

투자의 어려운 점이 바로 이런 것이다. 충분히 공부하고 철저히 분석해 정말 싸다고 생각해서 샀는데 그 가격보다 더 싸지는 경우가 비일비재하고, 그 말도 안 되는 가격에서 1~2년 바닥을 기는 경우 또한 부지기수다. 어떻게 해야 할까? 그래서 '투자의 최소 기한은 3년'이라는 것이고, 한 종목에 '몰빵'하지 말고 '5~10개' 정도로 포트폴리오를 구성하라는 것이다.

30년 주식 경험으로 볼 때 저평가와 소외 상태가 아무리 길어도 3년을 넘긴 경우는 없었다. 대개 3년째에는 롯데칠성의 사례처럼 '기다림에 대한 보상의 시간'이 오곤 했다. 종목을 5~10개로 늘려놓으면 그중 몇 개는 계속 기다려야 하겠지만 분명 1~2개는 성과를 낼 테니 기다림의 시간이 훨씬 덜 괴롭고 견딜 만할 것이다. 물론 내가 사자마자 저평가 국면이 해소되어 바로 오르고, 수익을 낸 뒤 또 유망한 종목으로 갈아타고 식으로 할 수 있다면 가장 좋을 것이다. 문제는 그 시간이 언제 올지 도대체 알 방법이 없다는 것이다. 그러니 5~10개 정도로 포트폴리오를 구성하고 내 차례가 오기를 담담히 기다리는 투자가 필요하다.

미래에셋 펀드 열풍과 PBR 전성시대

IMF 국난에 따른 1998년 6월 277포인트의 지옥에서 뉴 밀레니엄 닷컴 광풍의 천당까지 수직 급등한 이후 파티는 또 거짓말처럼 갑자기 끝났다. 2000년 내내 증시는 하락해 500포인트로 반토막이 났고, 2001년 9월에는 뉴욕의 쌍둥이 빌딩이 테러로 무너지는 모습이 전 세계에 생중계됐다. 2002년 900포인트까지 재상승한 증시는 이후 '테러와의 전쟁'의 일환으로 미국이 이라크를 침공할 것이라는 얘기가 나오면서 2003년 3월 512포인트까지 다시금 하락했다.

'IMF 급락 → 뉴 밀레니엄 급등 → 9·11 테러 급락 → 한일 월드컵 급등 → 이라크 전쟁 급락' 등 급등과 급락이 반복되면서 투자자들은 서서히 지쳐갔고, 많은 사람이 큰 피해를 본 채 주식시장을 저주하면서 떠났다. "주식 투자는 패가망신의 지름길", "주식에 투자한다는 사람 있으면 도시락 싸 들고 다니면서 말릴 거야" 등 주식에 대한 혐오감이 극대화된 바로 그 지점에서 대세 상승장은 다시 시작됐다. 2003년 512포인트에서 출발한 코스피 지수는 이후 2007년 11월 2085포인트까지 4년간 4배 가까이 오르는 강세장을 구가했다.

이때 '적립식 펀드 붐'을 불러일으키면서 상승장을 주도하여 결

〈도표 2-16〉 코스피 지수(월봉, 1998~2008)

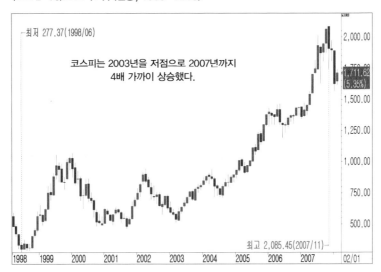

국에는 대한민국 증권사 1위로 우뚝 선 주인공이 바로 '미래에셋그룹'이다. 〈조선비즈〉는 2016년 7월 '미래에셋 대해부'라는 연재 기사를 내보내면서 "증시 활황과 펀드 열풍 그리고 인디펜던스·디스커버리 펀드의 인기가 더해져 미래에셋그룹은 중견기업에서 대기업으로 도약할 수 있는 계기를 마련하며 급성장했다"라고 썼다.

당시 미래에셋의 핵심 펀드였던 디스커버리 펀드와 인디펜던스 펀드를 담당한 분이 '대한민국 펀드매니저의 전설'로 불리는 서재형 대표다. 당시 저PER 혁명 시대 때부터 커리어를 이어온 전통적 펀드매니저들이 저PER에 집착한 반면, 서 대표는 중국의 부상과 신산업의 등장 등 세상의 변화를 제대로 읽어냈다. 그 결과 압도적인 운용 성과를 기록하면서 미래에셋을 펀드 명가로 만들었고 주식형 펀드가 국민 재테크 수단으로 자리 잡는 데 결정적 역할을 했다.

—— 知足不辱 知止不殆 可以長久(지족불욕 지지불태 가이장구)

《도덕경》의 한 구절로 '족함을 알면 욕되지 않고, 그칠 줄 알면 위태롭지 않으니 오래갈 수 있다'라는 뜻이다. 이 말대로 2006년 말 서재형 대표는 미래에셋 펀드 운용에서 물러났다. 미래에셋 펀드 내 주요 종목의 고평가 정도가 너무 과하다고 생각했기 때문이다.

미래에셋 펀드로 시중의 자금이 블랙홀처럼 빨려들던 때, 시중에는 '미래에셋 따라 하기 붐'이 일었다. 2007년 펀드 붐 절정의 시기에 미래에셋이 많이 갖고 있는 주식은 하늘 끝까지 치솟고 그렇지 않은 주식은 하염없이 소외되는 '양분화' 현상이 벌어졌다. 그 결과 미래에셋 펀드 주력 종목들의 PER은 정당화되기 어려운 수준까지 치솟았다. 그러나 증권사 애널리스트들은 미래에셋이 워낙 큰 고객이다 보니 고평가되어 있다는 이유로 매도나 보유 의견을 낼 수가 없었다. 이 상황에서 새롭게 부상한 밸류에이션 툴이 바로 'PBR'이다.

적정 PER은 대개 시장에서 합의된 수준이 있기 때문에 애널리스트 입장에서 'PER 50' 또는 'PER 100' 등을 적정 수준이라고 말하기는 어렵다. 그러나 PBR은 적정 PBR을 1에서 2로만 올려도 목표 가격을 2배 수준으로 올릴 수 있다. 예컨대 PBR 4가 목표 가격이라고 하면 주가가 4배 올라도 정당화할 수 있다는 얘기다. 그런데 적정 PBR이 1인지, 2인지, 4인지는 누구도 명확히 제시할 수없다. 따라서 이제 미래에셋 주요 종목들의 주가가 얼마나 오르든 애널리스트들은 부담 없이 매수 의견을 유지할 수 있게 됐다.

그러면서 은근슬쩍 PER의 시대에서 PBR 대세의 시대로 들어섰다. 〈머니투데이〉에서는 2012년 1월 5일 자에 "PER이 향후 실적 전망을 기반으로 산정하는 반면 PBR은 과거의 실적을 기반으로 확정된 장부가치를 활용한 지표인 만큼 보다 정확하고 신뢰성이 높다는 분석이다"라는 기사를 싣기도 했다.

펀드 암흑기와 밸류에이션의 종언

'달도 차면 기운다'고 했듯이, 2007년까지 주식형 펀드 붐을 불러일으켰던 미래에셋의 명성도 박현주 회장이 직접 진두지휘한 '인사이트 펀드'의 처절한 실패와 함께 막을 내렸다. 2002년 중국의 WTO 가입을 기점으로 중국이 세계의 공장으로 부상하면서 관련 주식들이 시장을 주도할 것이라는 박현주 회장의 미래 예측은 정확히 들

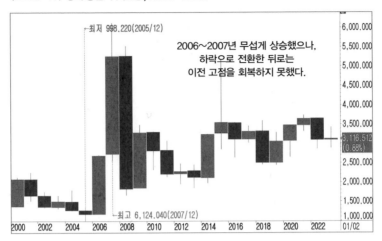

어맞았다. 문제는 '지족불욕 지지불태'하지 못했다는 것이다.

중국 상해 종합지수는 2005년 998포인트에서 2007년 6124포인트까지 단 2년 만에 6배가 넘는 놀랄 만한 상승세를 보였다. 중국 시장을 좋게 보고 마케팅을 펼쳤던 미래에셋 차이나 펀드도 경이로운 수익률을 기록하며 시중 자금을 끌어들였다. 이에 지나치게 고무된 박현주 회장은 2007년 중국 시장 거의 고점에서 '인사이트 펀드'를 내놓았고, "글로벌 분산 투자를 하겠다"던 말과 달리 중국 증시에 '몰빵' 투자하는 바람에 펀드 가입자들에게 심각한 손실을 입혔다. 2007년까지 하늘 높은 줄 모르고 오르던 중국 증시는 2008년 한 해에만 3분의 1토막 수준으로 급락했고, 15년이 지난 지금도 여전히 반토막 수준에 머물러 있다. 아울러 그동안 디스커버리 펀드와 인디펜던스 펀드의 위대한 성과를 다져왔던 서재형 대표가 미래에셋을 퇴사하면서 미래에셋 국내 펀드의 수익률도 급전직하하고 말았다.

이런 일들은 2007년까지의 주식형 펀드 붐 때 믿고 돈을 맡겼던 투자자들에게 큰 손해와 실망을 안겼고, 결국 '주식형 펀드'의 신뢰 상실로 이어지고 말았다. 그러면서 한국의 펀드 시장은 쇠퇴 일로에 접어들었고, 결국 대한민국 증시에서 밸류에이션은 사라지게 됐다.

2010년대 10년간 한국 증시는 코스피 2000포인트를 전후로 지루한 횡보를 거듭해서 '박스피(boxpi)'란 오명을 뒤집어쓰게 됐다.

〈도표 2-18〉 코스피 지수(월봉, 2007~2019)

2010년대 10년간은 애플의 아이폰을 필두로 한 '모바일혁명'의 시대였는데 이를 주도한 것이 미국의 FAANG[페이스북(Facebook), 애플(Apple), 아마존(Amazon), 넷플릭스(Netflix), 구글(Google)] 등 빅테크 기업들이다. 그에 비해 대한민국은 이런 흐름을 주도하지 못했고 10년간 미 증시, 특히 나스닥이 불을 뿜을 동안 대한민국 증시는 박스권에 갇혀 지루한 흐름에서 벗어나지 못했다.

그런 터라 '주식형 펀드'의 인기는 싸늘하게 식어갔다. 돈은 벌어다 주지 못하면서 꼬박꼬박 수수료만 떼어 가니 더 이상 머무를 이유가 없었다. 펀드 업계는 '매수와 공매도를 통해 절대수익을 추구하는 롱-숏(long-short) 펀드', '예금 금리에 약간의 플러스 수익을 추구하는 메자닌(mezzanine) 펀드' 등을 주축으로 하는 3억 원 이상 고액 자산가의 전유물인 '사모 펀드' 시장과 수수료를 크게 낮추고 상장하여 주식처럼 사고팔 수 있는 'ETF' 시장으로 빠르게 재편됐다. 펀드매니저가 저평가 주식을 발굴함으로써 알파 수익을 추구하는 '액티브 펀드(active fund)'의 규모가 점차 축소되면서 대한민국 증시에서 밸류에이션은 그야말로 종언을 고하게 됐다.

'롱-숏'은 단기 시장 흐름에 맞춰 시장의 인기를 끄는 테마군을 사고 그 반대로 소외되는 테마군을 공매도하는 펀드인 만큼 장기투자에 적합한 밸류에이션에는 관심을 두지 않는다. 그리고 ETF는 특정 업종, 테마에 맞춰 시가총액별로 기계적 매수를 하는 것이라 밸류에이션과는 완전히 무관하다. VIP자산운용을 필두로 하는 가치주 펀드들이 일부 명맥을 유지하긴 했지만, 이들은 '저PER주'나 '저PBR주' 등 '교조적 가치투자'에 집착할 뿐 제대로 된 밸류에이션과는 거리가 멀었다. 이러다 보니 '가치'를 얘기해야 할 증권사 업종 담당 애널리스트들도 이런 시류에 발맞춰 '가격을 예측하는 사람'으로 변질되고 말았다.

밸류에이션이 사라진 시대. 그렇다면 밸류에이션의 가치도 사라진 것일까? 아니다. 오히려 밸류에이션의 가치는 더욱 커졌다. '장기적으로 주가는 가치에 수렴한다'라고 할 때 가치와 가격 간 괴리가 크면 클수록 주가의 잠재 상승률은 더 커진다. 여의도에서 밸류에이션이 사라짐으로써 극히 저평가된 주식들이 발생했고, 이는 '10루타 종목'을 다수 찾을 기회를 제공했다. 불과 1년 만에 20배가 오른 에코프로가 대표적인 사례다.

3장

밸류에이션 툴을 알아야
수익을 얻는다

VALUATION

10X

주식시장에서 돈을 벌려면 하락의 두려움 때문에
도망쳐 나오지 말아야 한다.

———

피터 린치

다양한 밸류에이션 툴 해부

밸류에이션 툴(valuation tool)이란 주식의 가치평가를 위한 도구, 방법 또는 모델을 뜻한다. 인간을 규정짓는 다양한 표현 중 호모 파베르(homo faber)라는 것이 있다. 작업하는 인간, 도구를 사용하는 인간, 도구적 인간이라는 뜻인데 인간의 특성과 본질이 물건이나 연장을 만드는 데 있다고 보는 인간관이다.

1602년 동인도회사 이후 주식의 가치는 그 기업이 벌어 오는 이익과 관련되어 있다는 데 대중의 동의가 존재했다. 1930년대 벤저민 그레이엄의《증권분석》이후 이런 합의를 보다 구체화하여 수치로 표현하고자 하는 노력이 다양하게 이뤄졌고, 그 과정에서 다양한 형태의 밸류에이션 툴이 제시되고 사라지기를 반복해왔다. 그레이엄이 제시한 '가치 = M(배당금+이익/3)+자산가치 조정'도 밸류에이션 툴의 한 종류라고 할 수 있을 것이다.

그런 여러 툴 중에서 현재까지 살아남아 광범위하게 사용되는 것으로는 DCF(Discounted Cash Flow, 현금흐름할인법), PER(Price Earning Ratio, 주가수익비율), PBR(Price Book Value Ratio, 주가순자산비율), EV/EBITDA 정도를 들 수 있다. 이 장에서는 이 네 가지 밸류에이션 툴을 중심으로 각각의 쓰임새를 자세히 알아본다.

기업의 미래 이익을 추정해 적정 현재가치를 구하는 DCF

DCF는 기업에서 발생하는 미래 현금흐름을 통해 기업의 적정 현재가치를 구하는 가치평가 모형이다. 공식은 다음과 같다.

$$\bullet \quad DCF = \frac{CF_1}{(1 + r)^1} + \frac{CF_2}{(1 + r)^2} + \frac{CF_n}{(1 + r)^n}$$

- CF_n: n년 후의 현금흐름
- $(1+r)^n$: n년 후의 이자율

매년 발생하는 n년 후의 현금흐름에 n년 후의 이자율을 적용, 현재가치로 할인된 미래 이익들을 전부 더해 산출할 수 있다.

DCF는 기업이 앞으로 매년 벌어들일 현금을 현재 금리로 할인하는 방법을 통해 평가하는 가장 본질적이고 확실한 방법이다. 그런데 기업이 미래에 얼마나 이익을 낼지는 아무도 모른다. 이 부분이 DCF의 가장 큰 약점이며, 현실적으로 활용하기 어려운 이유다.

대략적인 추정으로 투자 손실을 보지 않으려면 반드시 안전마진을 충분히 확보해야 한다. DCF는 계산이 복잡해 실전에서는 잘 사용하지 않지만 PER이나 PBR 등 다른 평가 모형을 활용하기 어려운 경우에 보조적으로 쓰인다.

기업가치 대비 주가의 적정 수준을 평가하는 PER과 PBR

PER은 주가를 EPS(Earning Per Share, 주당순이익)로 나눈 값이다. 시가총액을 당기순이익으로 나눠도 동일한 값이 나오므로 계산의 편의를 위해 후자를 더 많이 쓴다. PER을 활용할 때는 과거의 값은 의미가 없고, 현재와 미래의 값이 중요하다.

PBR은 주가를 BPS(Book-value Per Share, 주당순자산)로 나눈 값이며, BPS는 순자산(자산에서 부채를 뺀 값, 자기자본이라고도 한다)을 발행 주식 총수로 나눈 값이다.

PBR은 워낙에 유명하고 투자자들도 애용하는 지표지만, 나는 잘 활용하지 않는다. 이유는 뒤에서 설명하겠다. PBR이 주가를 주당순자산으로(또는 시가총액을 순자산으로) 나눈 값이라는 것 정도만 기억하자.

본업에서 벌어들인 현금을 기반으로 평가하는 EV/EBITDA

- **EV/EBITDA**
  - EV(기업가치) = 시가총액＋순차입금(총차입금−현금성 자산)
  - EBITDA(세전영업이익) = 법인세, 이자, 감가상각비 차감 전 영업이익

EV/EBITDA는 말 그대로 EV(Enterprise Value)를 EBITDA(Earnings Before Interest, Taxes, Depreciation and Amortization)로 나눈 값을 말한다. EV는 '시가총액＋순차입금(총차입금 − 현금성 자산)'으로 구하며 '기업가치'를 뜻한다. EBITDA는 '법인세, 이자, 감가상각비 차감 전 영업이익'을 뜻한다. EBITDA에서 볼 수 있듯이 기업의 영업활동에서 벌어들인 현금을 기반으로 평가하는 지표다. 예를 들어 본업으로 돈을 많이 벌더라도 설비투자가 활발한 기업은 그 설비에 적용되는 감가상각비 때문에 영업이익이 과소평가될 수 있기

때문이다.

감가상각은 고정자산에서 발생하는 가치의 소모분을 결산기마다 비용으로 처리하는 회계상의 절차다. 예를 들어 10억 원의 설비를 새로 들여왔을 때, 이 설비의 가치가 10년간 해마다 1억 원씩 감소한다고 보고 매년 그만큼을 비용으로 처리하는 방식이다. 하지만 이 비용은 실제 현금이 유출된 것이 아니므로 실제 현금흐름과는 관계가 없으며, 오히려 영업이익만 감소시키는 결과를 가져온다. 감가상각비만이 아니라 법인세나 이자 역시 본업과 무관한 비용이 영업이익을 감소시키는 것은 마찬가지다. 특히 성장 초기기업일수록 왜곡이 크기 때문에 이를 방지하기 위해 이 지표를 사용한다.

DCF, PER, PEG 활용법

PER은 DCF의 간편법

기업이란 주주의 돈을 대신해서 불려주는 기계라고 할 수 있다. 그리고 주식의 가치는 그 기업이 미래에 벌어들일 현금의 합으로 정의할 수 있다. 이런 정의에 가장 부합하는 밸류에이션 툴이 바로 미래의 모든 현금흐름을 현재가치화한 미래가치할인법, 즉 DCF다.

앞서 봤듯이, DCF는 매년 발생하는 n년 후의 현금흐름을 n년 후의 적정 할인율로 나눈 값들을 전부 더하는 식으로 계산된다. 이론상 완벽하지만 문제는 그 기업이 매년 얼마만큼의 현금을 벌어들일지를 예상하기가 불가능하다는 것이다. 1년, 2년 뒤 상황도 예상하기 어려운데 10년 뒤, 100년 뒤에 얼마나 벌지를 어떻게 예측할 수 있겠는가.

이런 한계 때문에 나타난 DCF의 간편법이 바로 PER이다. 기업이 존속하는 기간 전부의 미래 현금흐름을 계산에 반영하는 DCF와 달리, PER은 특정 시점의 기업이익을 기준으로 계산한다. 물론 특정 시점 외에도 기업은 존속하고 현금흐름 또한 계속 발생한다. 이 부분은 계산된 PER에 프리미엄(할증)이나 디스카운트(할인)를 적용하는 방법을 통해 보정한다.

그래서 'PER 5는 저평가이고, PER 50은 고평가다'라는 식의 단순한 판단은 대단히 잘못된 것이다. PER이 낮은 것은 단순히 저PER일 뿐이지 저평가라고 해서는 안 되며, PER이 높은 것 역시 고PER일 뿐 고평가라고 단정할 수 없다. 즉 단순히 저PER 주식을 사 모아놓고는 '나는 저평가된 주식에 투자하는 가치투자자다'라고 생각해서는 안 된다는 얘기다. 저PER 주식을 왕창 사놓았는데 올라가지 않는다면서 시장이 잘못됐다는 식으로 말하는 사람들이야말로 가치에 대한 공부가 전혀 되어 있지 않음을 고백하는 것과 마찬가지다.

그렇다면 고성장주가 고PER을 받는 이유는 무엇일까? PER이 DCF의 간편법이고 PER을 계산한 특정 시점 외의 현금흐름은 프리미엄 혹은 디스카운트를 통해 보정되어야 한다는 원리를 이해하면, 고성장주가 고PER을 받고 저성장주는 저PER을 받는 것이 너무나 당연하다는 사실을 알 수 있을 것이다.

2023년 예상 실적 기준으로 PER을 계산해보니 동일하게 PER 10을 받은 기업 A와 B가 있다고 가정해보자. A 기업은 2024년과 2025년 계속해서 이익이 2배씩 증가하고, 반대로 B 기업은 이익이 절반씩 줄어든다고 하자. 그러면 다음과 같은 결과가 나온다.

- A 기업의 2024년 PER은 5, 2025년 PER은 2.5로 PER이 빠르게 낮아진다.
- B 기업의 2024년 PER은 20, 2025년 PER은 40으로 PER이 빠르게 높아진다.

현명한 투자자라면 당연히 A 기업을 사고 B 기업을 팔 것이다. 이는 A 기업의 주가는 오르고 B 기업의 주가는 내리는 결과로 작용하게 된다. 특정 시점에 시장은 합의된 가격을 내놓을 텐데, 그 합의된 가격에서 A는 주가가 상승했으니 2023년 기준 PER이 높은 고PER주가 될 것이고, B는 주가가 하락했으니 PER이 낮은 저PER주가 될 것이다. 이제 고PER주가 고평가주가 아니고 저PER주가 저평가주가 아닌 이유를 이해했는가?

시장에서 형성된 개별 기업의 PER은 주로 그 기업의 미래 성장성에 대한 시장의 평가다. 물론 그 평가는 언제든 잘못될 가능성이 있다. 시장의 잘못된 평가를 이용해서 돈을 벌고자 하는 것이 '투자'이고, 가치를 평가하는 것이 '밸류에이션'이며, 밸류에이션을 하기 위해 사용하는 도구가 바로 '밸류에이션 툴'인 것이다.

결국 당신이 이 책을 통해 깨우쳐야 할 것은 '지금 시장에서 이 기업에 매긴 PER이 높은지 낮은지를 판단하는 안목'이라고 할 수 있다. PER을 계산하는 것은 쉽다. 중요한 것은 PER의 함의를 해석하는 능력을 기르는 것이다.

PER에 성장성을 반영한 피터 린치의 PEG

PER은 특정 시점의 이익만을 반영하기 때문에 태생적으로 불완전하다. 그래서 여러 프리미엄 혹은 디스카운트 요소를 적용해서 보정해야 하고, 그 여러 요소 중에서 가장 중요한 것이 바로 '성장성'이다. 앞서 살펴봤듯이, 이런 성장성을 PER에 보다 계량적으로 적용하기 위해 피터 린치가 밸류에이션 툴 하나를 새롭게 제시했는데 바로 PEG다.

PEG는 PER을 EPS 성장률로 나눈 것으로 단순 PER이 설명하지 못하는 성장성 개념을 보정해준다. 피터 린치는 이때 EPS 성장률을 향후 3~5년의 연평균 성장률로 계산했다. 아무래도 연평균 성장률을 계산하는 기간이 길면 길수록 더 좋은 평가라고 할 수 있으나, 너무 먼 미래의 이익을 추정하는 것은 난이도가 너무 높아진다는 문제가 있다. 가능하다면 5년 연평균 EPS 성장률을 사용하는 것이 좋고, 최소 3년의 연평균 성장률은 적용해야 PEG 계산의 의미가 있다고 생각한다.

이 애기는 당신이 밸류에이션을 기반으로 하는 진짜 투자를 하기 위해서는 향후 3년간의 이익 추정은 할 수 있어야 한다는 의미다(이익 추정과 관련해서는 4장 참조). 사실 이를 업으로 하는 애널리스트의 올해 실적 추정도 어마어마하게 틀리는 게 여의도의 실상이다. 그런데 올해뿐만 아니라 내년, 내후년의 실적을 본인이 직접 추정할 수 있어야 한다는 것이니 너무나 막연하게 느껴지고 과연 가능할까 싶을 것이다.

단호히 애기하지만, 그 정도는 스스로 할 수 있어야 한다. 그래야 '나는 투자를 한다'라고 말할 최소한의 자격을 갖추는 것이다. 분명 어려운 일이다. 그러나 뒤집어 생각해보면 나뿐만 아니라 모든 사람에게 어려운 일이기 때문에 내게 돈 벌 기회가 생기는 것이다. 노동을 통해서 1억 원을 벌려면 얼마나 많은 피, 땀, 눈물을 흘려야 하는가. 그런데 투자를 통해 1억 원을 벌려고 하면서 당신은 그간 얼마만큼의 피, 땀, 눈물을 흘렸는가? 쉽사리 대답하지 못할 것이다. 그게 바로 당신이 그간 투자에서 실패를 거듭한 결정적인 이유다.

2020년 코로나 버블 장세 때 증시에 입문한 사람들이 많다. 이들은 단순히 유튜브 전문가 누구, 애널리스트 아무개의 리포트, 주위 사람의 추천 등을 참고해 대충 샀더니 쉽게 돈을 번 잘못된 투자 습관에 길들어 있다. 2020년 코로나 버블장은 십수 년마다 한 번씩 도래하는 '너도나도 돈 버는 강세장'이었을 뿐 증시가 매번 이렇지는 않다는 것을 명심해야 한다.

'Easy Come, Easy Go', 쉽게 들어온 돈은 쉽게 나가기 마련이다. 땀 흘려서 번 돈이 아니면 헤프게 쓰기 십상인 만큼, 증시에서 요행으로 번 돈은 금방 사라지고 만다. 단지 행운이 아니라 내가 많이 노력하고 공부해서 번 돈만이 진짜 내 돈이고, 그렇게 번 돈만이 오래도록 내 곁에 남아서 내 삶을 바꾼다는 사실을 잊지 말아야 한다.

이런 차원에서 피터 린치의 PEG를 계산하기 위한 최소의 조건, 즉 '3년 치 기업이익 추정' 정도는 스스로 할 수 있어야 한다. 이 경지에 도달하기 위해선 당연히 많은 공부와 노력이 필요하다. 다만 이 경지에 이르면 여의도의 대다수 애널리스트나 펀드매니저보다 더 탄탄한 전문성을 갖추게 될 것이며, 그 결과 투자 수익은 당연히 따라오게 될 것이다.

효용 다한 밸류에이션 툴: PBR

PBR은 아무것도 말해주지 못한다

한국거래소에 따르면 대한민국엔 PBR이 '1'도 안 되는 저평가 종목이 널려 있다고 한다(2023년 8월 9일 자 〈조선비즈〉 참조). 코스피 상장 종목 중 무려 64%, 코스닥 종목 중 33%가 PBR 1 이하의 저평가 상태에 머물러 있다는 것이 한국거래소의 주장이다. 이런 불균형이 만들어진 것이 '이차전지 쏠림 현상' 때문이라면서, 크게 잘못된 일이라는 뉘앙스를 풍겼다.

정말 한국거래소는 정신 차려야 한다. PBR이 1이 안 된다고 그 주식이 저평가인 것은 아니다. PBR이 67(금양), 21(에코프로)이라고 고평가인 것 또한 아니다. 한국거래소는 밸류에이션의 기본도 알지 못하면서 특정 업종을 폄하하는, 한마디로 '심판이 그라운드에 뛰어들어 공을 차는 행위'를 지금 하고 있는 것이다. 한국거래소 말대로라면 PBR 0.12인 태광산업과 0.16인 대한화섬 주식을 사고 PBR 66.77인 금양과 20.99인 에코프로를 공매도하면 큰 수익을 거둘 수 있을 것이다(PBR 수치는 앞서의 기사 참조). 과연 그럴까?

밸류에이션 툴로서 PBR은 이제 잊어라, 제발! 기업은 돈을 벌어다 주는 기계다. 돈을 벌어다 주는 기간은 그 기업이 존속하는 동안이다. 기업은 영업활동을 영구히 하는 조직이라는 가정을 '계속기업 가정'이라고 하는데, 기업회계는 이 계속기업의 가정하에 이뤄진다. 그런데 PBR은 이 기업이 당장 영업을 그만두고 가진 자산을 시장에 몽땅 내다 판다는 것을 가정하고 기업의 가치를 평가하는 방법이다. 그러니 현실과 맞을 수가 있겠는가.

PBR은 논리상 1 이하면 저평가이고 1 이상이면 고평가를 의미하는데, 실제 증시에선 0.12(한신공영)에서 1,529(오브젠)까지 너무나 넓은 스펙트럼을 가진다(PBR 수치는 앞서의 기사 참조). 그런데 'PBR 1,529인 오브젠은 너무 고평가이니 향후 주가가 내려갈 것이고, 0.12인 한신공영은 너무 저평가이니 주가가 오를 것이다'라고 누구도 확언할 수 없다. 이런 지표가 무슨 쓸모가 있는가? 그러니 다시 한번 강조한다. 밸류에이션 툴로서 PBR은 이제 잊어라, 제발!

PBR이 통상 많이 사용되는 업종 중 하나가 반도체다. 예컨대 SK하이닉스는 역사적으로 PBR 0.9와 1.5 사이에서 움직이는 경향성을 보인다. 펀드매니저들은 이를 활용하여 0.9 수준에서 사고 1.5 수준에서 파는 식의 매매를 통해 짭짤한 이익을 얻기도 한다. 그런데 SK하이닉스의 PBR이 0.9면 싸고 1.5면 비싸다는 논리적 설명이 가능한가? 전혀 그렇지 않다. 그러니 PBR은 효용 가치가 없다는 얘기다. 보조적으로 활용할 수는 있겠지만 절대 결정적인 밸류에이션 툴로 삼아서는 안 된다.

버핏도 PBR을 버렸다

앞서 말했듯이, 벤저민 그레이엄은 1930년대 미 증시가 지독한 약세장일 때 주식 운용 커리어를 시작했다. 1929년 증시 대폭락 이후 미 증시는 1950년대 호황장이 도래하기 전까지 극심한 저평가 상태에 머물러 있었다. 뒤늦게 증시에 뛰어든 투자자들이 연이어 파산하고 곧 경제 대공황, 제2차 세계대전이 잇따랐던 시대상을 생각해보면 당시 투자자들이 증시를 외면한 것은 너무나 당연한 현상이었다. 즉, 그레이엄이 활약하던 당시는 현저히 저평가된 주식이 많고 주식에 대한 비관론이 팽배하던 시점이었다. 그래서 순운전자본(운전자본은 영업활동과 직접적으로 관련된 자산 또는 부채를 뜻하며, 순운전자본은 운전자본에서 부채를 뺀 값이다)에도 미치지 못하는 가격으로 거래되는 주식들도 꽤 있었다. 이런 기업들은 지분을 100% 인수한 후 청산하면 상당한 수익도 기대할 수 있었는데, 이런 접근법을 '담배꽁초 전략'이라고 불렀다.

앞서 말한 것처럼, 버핏이 1962년에 버크셔 해서웨이를 인수한 것도 담배꽁초 전략의 일환이었다. 1839년 섬유 제조회사로 출발한 버크셔 해서웨이는 한국, 일본 등 아시아 국가들과의 경쟁에서 점차 뒤처져 경쟁력을 잃은 상태였다. 다만 오랫동안 건실하게 사업을 영위해왔기에 회사 내에는 순운전자본이 넉넉히 쌓여 있었다. 그래도 회사의 비전이 없었기 때문에 주식은 순운전자본만큼도 안 되는 가격에 거래되고 있었다. 버핏은 그레이엄에게 배운 대로 이 회사를 인수했다.

이후 버핏은 자신의 투자 중에 가장 실패한 투자가 버크셔 해서웨이였다고 말하기도 했다. 분명 순운전자본에도 미치지 못하는 가격에 기업 전체를 인수했지만, 한국 등의 저가 공세가 워낙 맹렬해서 곳간에 쌓여 있던 순운전자본이 조금씩 사라져 갔다. 1967년 버크셔 해서웨이에 쌓여 있던 현금을 갖고 보험사를 인수하는 등 '지주형 사업회사'로 회사를 탈바꿈한 결과 오늘의 버크셔 해서웨이가 존재하게 된 것이지 원래 하던 섬유 제조업을 계속했다면 버핏 또한 빈털터리가 되고 말았을 것이다. 오랜 고전 끝에 버핏은 버크셔 해서웨이의 본업인 섬유 제조업을 완전히 정리했다. 이때가 1985년이었다.

이후 버핏은 절친 찰리 멍거의 조언을 받아들여 담배꽁초 전략을 버렸고, 성장하는 기업에 투자하는 것으로 전략을 완전히 수정했다. 2001년 버크셔 해서웨이 주총에서 버핏은 담배꽁초 전략은 이제 끝났다는 것을 분명히 했다.

—— 옛날에는 기업을 청산하면, 운전자본을 주주들의 주머니에 넣을 수 있었다. 하지만 지금은 기업을 청산하면 운전자본 중 정리 해고 비용을 제외해야 한다. 문화가 바뀌었다.

이런 이유로 버핏은 PBR을 쓰레기라고 단언했다. 기업은 계속사업을 영위하는 존재이고, 이에 따라 기업의 가치는 매년 변한다. PBR은 올해로 사업을 종료하고 현재의 장부가치를 주주에게 나눠준다는 '청산'을 기본 전제로 하기 때문에 현실과 전혀 맞지 않는다. 내가 그 회사 지분 100%를 사서 청산할 권리를 가지지 않는 한 의미가 없고, 청산을 한다고 하더라도 노동자들을 쉽사리 정리해고할 수 없다. 정말 가치가 현저히 떨어지는 밸류에이션 툴이기 때문에 이제는 버려야 한다.

현재와 무관한 역사적 원가

PBR에 의존해서는 안 되는 또 하나의 이유는 장부에 기재된 가격이 주로 '역사적 원가'라는 점에 있다. 통상 기업들의 재무상태표에서 가장 큰 비중을 차지하는 것은 유형자산이다. 유형자산이란 기업의 영업활동에 사용되는 토지·공장·기계·설비 등을 일컫는데 이들은 모두 '역사적 원가', 즉 옛날에 구입한 가격으로 장부에 기재된다. PBR을 계산(주가÷주당순자산)할 때 필요한 주당순자산에는 이처럼 역사적 원가로 기재된 유형자산이 큰 비중을 차지한다.

PBR이 1 이하여서 저평가됐다고 할 때, 이는 시장에 자산을 내다 파는 것을 전제로 한다. 하지만 팔 때의 가격은 PBR을 계산할 때 적용한 역사적 원가와는 무관하다. 상당히 모순되지 않은가? PBR이 싸다는 이유로 특정 기업을 100% 인수한 다음 해당 자산을 시장에 내다 판다고 해보자. 이때 장부에 기재된 가격 그대로 받을 수 있을까? 전혀 그렇지 않다. PBR이 1에 많이 못 미치는 기업은 영업 상황이 좋지 않을 가능성이 크다. 영업 상황이 좋지도 않은 기업의 자산을 시장에 내다 파는데 그 기업의 과거 구매가를 모두 쳐줄 사람이 있을까? 그러니 PBR이 의미가 없는 밸류에이션 툴이라는 것이다.

그럼에도 PBR을 주로 사용하는 업종

이렇듯 PBR은 PER에 비해 밸류에이션 툴로서의 유용성이 현저히 떨어진다. 그럼에도 밸류에이션 툴로서 과거부터 PBR을 주로 사용하는 업종들이 있다.

- 금융 업종: 보유 자산이 대부분 현금성 자산이다.
- 반도체 업종: 이익 규모의 급등락이 심하다.
- 경기민감 업종: 경기에 따라 이익 변동성이 크다.

먼저 은행, 증권, 보험 등 금융회사들은 보유 자산 대부분이 시가로 평가된다. 금융회사들은 자산을 대개 대출금·채권·주식 같은 유가증권 등으로 운용하는데, 회계상 역사적 원가가 아니라 당장 시장에 내다 팔 때 받을 수 있는 가격인 '시가법'으로 평가되어 있다. 이런 이유로 이들 기업을 평가할 때는 PBR을 주로 사용한다.

삼성전자, SK하이닉스 등 반도체 기업들도 PER보다 PBR을 더 많이 사용한다. 이들 기업의 이익 규모가 호황과 불황 시에 드라마틱하게 변동하기 때문이다. 반도체 가격은 자그마한 수요-공급 불일치가 발생해도 가격이 10배 이상 오르내린다. 그래서 이들 기업은 호황기에 50%가 넘어가는 영업이익률을 기록했다가 불황 시엔

막대한 적자를 기록하기도 한다. 불황기엔 적자여서 PER 계산 자체가 안 되고 호황기엔 PER이 5 미만까지 하락하는 경우도 흔하다. 그래서 상대적으로 변동이 적은 PBR을 밸류에이션 툴로 주로 사용한다.

경기민감 업종도 반도체 업종과 같은 이유로 PBR을 사용하는 경우가 많다. 대표적으로 화학 업종, 철강 업종 등이 PBR을 주로 사용한다. 이들 기업은 고정비 부담이 크고 업황에 따른 이익 변동성이 크다는 공통점을 갖는다.

장치산업 평가의 훌륭한 보조지표: EV/EBITDA

설비투자가 많은 기업 비교 툴

앞서 언급했듯이, EBITDA는 '법인세, 이자, 감가상각비 차감 전 영업이익'을 뜻한다. 쉽게 말해 영업이익에다 감가상각비를 더한 것으로 생각하면 된다. EV/EBITDA는 설비투자가 많은 기업을 평가할 때 주로 사용한다. 설비투자가 많은 기업은 대규모 감가상각비가 소요되는데, 사실 이는 회계상의 비용일 뿐 실제 현금이 지출되는 것은 아니다. 또한 설비투자가 빠르게 늘어나는 기업은 그만큼 성장성이 크다고 볼 수 있는데, 공장을 짓는 동안 이들 기업은 감가상각비 부담 때문에 PER이 높아질 수밖에 없다. 그래서 실제보다 고평가된 것으로 오인될 가능성이 크기에 이를 보정하기 위해 EV/EBITDA를 사용한다.

특히 설비투자가 많은 산업에서 업종 내 기업 간의 투자 매력도를 비교할 때 PER보다는 EV/EBITDA가 훨씬 유용하다는 사실을 기억할 필요가 있다. 현재 대규모 투자가 집행되고 있는 이차전지 산업에서도 기업 비교를 할 때는 반드시 EV/EBITDA를 살펴봐야 한다.

〈도표 3-1〉은 2023년 4월 11일 유안타증권 이안나 연구원이 내놓은 실적 추정치다. 이를 보면 에코프로비엠의 2023년 PER은 60배로 35배인 엘앤에프의 2배 가까이 되므로, 엘앤에프가 에코프로비엠보다 훨씬 더 싸게 느껴진다. LG에너지솔루션의 2023년 PER은 86배로 24배인 삼성SDI에 비해 3배 이상이나 되므로, 삼성SDI가 LG에너지솔루션보다 훨씬 더 싸게 보인다. 실제로 이 점을 엘앤에프와 삼성SDI가 저평가되어 있다는 이유로 추천하는 애널리

〈도표 3-1〉 양극재, 셀 기업의 PER과 EV/EBITDA 비교 1

제품	기업명	P/E(배)				EV/EBITDA			
		2021	2022	2023E	2024E	2021	2022	2023E	2024E
양극재	에코프로비엠	90	84	60	44	22	49	35	26
	엘앤에프	38	39	35	22	22	32	25	16
셀	LG에너지솔루션	175	152	86	59	35	40	29	21
	삼성SDI	26	27	24	20	12	15	14	11

자료: 유안타증권, 이안나 연구원, 2023.04.11.

스트도 다수 있다.

그러나 양극재나 셀 같은 장치산업의 기업 간 비교는 PER보다는 EV/EBITDA를 사용하는 것이 더 적합하다. 2023년 EV/EBITDA를 기준으로 보면 양사 간 격차는 에코프로비엠 35, 엘앤에프 25로 현저히 줄어든다. 셀의 경우에도 LG에너지솔루션 29, 삼성SDI 14로 마찬가지다.

더 명확한 설명을 위해서 에코프로비엠과 LG에너지솔루션을 100으로 놓고 엘앤에프와 삼성SDI를 그에 대한 비율로 비교해봤다(〈도표 3-2〉 참조). PER 기준 엘앤에프와 삼성SDI는 에코프로비엠과 LG에너지솔루션 대비 2023년 58과 28, 2024년 50과 34 수준이다. 그런데 EV/EBITDA 기준으로는 2023년 71과 48, 2024년 62와 52로 격차가 현저히 줄어드는 것을 확인할 수 있다.

격차가 이 정도에 불과하다면 1등 기업으로서의 이익안정성과

〈도표 3-2〉 양극재, 셀 기업들의 PER과 EV/EBITDA 비교 2

제품	기업명	PER		EV/EBITDA	
		2023	2024	2023	2024
양극재	에코프로비엠	100	100	100	100
	엘앤에프	58	50	71	62
셀	LG에너지솔루션	100	100	100	100
	삼성SDI	28	34	48	52

자료: 유안타증권, 이안나 연구원, 2023.04.11.

향후 성장성을 고려할 때 에코프로비엠이나 LG에너지솔루션이 엘앤에프와 삼성SDI 대비 더 비싸다고 판단하기는 어렵다.

성장성을 더 잘 보여주는 EV/EBITDA

전기차용 이차전지는 대개 34개월 전에 발주가 이뤄진다. 현재 전기차로 빠르게 전환하고 있는 미국의 예를 보면, 2025년경까지의 배터리 수급이 이미 결정되어 있다. 이 경쟁에서 선두를 달리는 기업이 LG에너지솔루션으로, 2025년까지 전기차 350만 대 이상에 해당하는 262Gwh(기가와트시) 공장이 지어질 예정이다(〈도표 3-3〉 참조). 이에 비해 삼성SDI는 수주전에 뒤처져서 23Gwh 증설에 그친다.

이 두 회사 중에서 투자 매력이 더 있는 회사는 어디인가? 당연히 LG에너지솔루션일 것이다. 그런데 이 둘을 PER로 계산하면 마치 삼성SDI가 저평가되어 있는 것 같은 착각에 빠지기 쉽다. 실제 여의도의 많은 이들이 그렇게 잘못 주장하고 있기도 하다. 이런 오류는 EV/EBITDA를 밸류에이션 툴로 적용하면 많은 부분 교정된다. 설비투자가 많은 업종은 반드시 EV/EBITDA를 고려해야 하는 이유가 바로 이것이다.

(단위: Gwh)

구분	2022	2025E	2030E	2030E
LG에너지솔루션	15	262	262	262
GM JV 1공장(오하이오)	10	45	45	45
GM JV 2공장(테네시)	–	50	50	50
GM JV 3공장(미시간)	–	50	50	50
혼다 JV(오하이오)	–	20	20	20
스텔란티스 JV(캐나다)	–	45	45	45
단독공장(미시간)	5	25	25	25
단독공장(애리조나)	–	27	27	27
SK온	22	119	151	151
단독공장(조지아)	22	22	22	22
블루오벌나(켄터키 1·2, 테네시)	–	97	129	129
삼성SDI	–	23	83	83
스텔란티스 JV(인디애나)	–	23	33	33
GM JV(미시간)	–	–	50	50
파나소닉	51	111	180	180
추가로 필요한 셀 생산 능력	–	–	243	473

자료: 유안타증권, 이안나 연구원, 2023.04.11.

PER 프리미엄을 받기 위한 조건

고PER과 고평가는 전혀 다른 얘기

PER 50이 PER 5보다 비싼 것은 아니다. PER을 실전에 적용할 때는 이 점을 명심해야 한다. 적정한 PER은 기업이 처한 상황에 따라 달라지는데, 밸류에이션 실력을 키운다는 건 특정 기업의 적정 PER이 얼마여야 하는지에 대한 안목을 갖추는 것을 말한다.

그렇다면 기업이 고PER을 받기 위해서는 어떤 조건을 갖춰야 할까? 그리고 저PER임에도 싸지 않은 기업은 어떤 이유로 그런 걸까?

적정 주가는 다음의 공식으로 구할 수 있다.

- 적정 주가 = EPS × 적정 PER

이제 필요한 것은 미래 순이익을 정확히 예측하는 능력과 적정 PER을 판단하는 안목, 이 두 가지뿐이다. 적정 PER과 관계된 PER 프리미엄을 받을 수 있는 조건을 살펴보자.

고든의 항상성장모형과 PER 프리미엄

참고로, 현대의 대학교 투자론 강의에서는 그레이엄의 공식에서 출발하여 조금 변형된 고든의 항상성장모형(Gordon Growth Model, GGM)을 주식의 가치평가 방법으로 배운다. 공식은 다음과 같다.

- $P^0 = \dfrac{D^0(1+g)}{k-g} \rightarrow \dfrac{D^1}{k-g}$

  - P^0: 현재 가치
  - D^0: 현재주당연간배당금
  - D^1: 1년 후 미래배당금
  - k: 요구수익률
  - g: 성장률

예를 들어 현재배당금이 1,000원이고, 요구수익률이 10%이며, 매년 5%씩 영원히 성장하는 회사의 경우 현재 적정 주가는 '1,000(1+0.05)/(0.1-0.05) = 21,000'원이 된다는 얘기다. 현실의 주식 투자에서 이런 공식이 그대로 적용될 리는 만무하다. 다만, 이 공식에 들어가는 각 요소, 즉 주당이익(주당배당금), 성장률, 기업의 리스크(요구수익률 k)가 결국 주가를 결정짓는 요인이라는 사실은 기억해둘 필요가 있다.

주당배당금 D는 결국 주당순이익(EPS)의 함수이므로, 배당금 D를 순이익 E로 바꿔도 크게 무리는 없다.

- $P = E/(k-g)$

여기에서 E를 좌변으로 이항하면 고든의 항상성장모형은 다음과 같이 변형된다.

- $P/E = 1/(k-g)$

결국 적정 PER은 그 기업의 요구수익률 k와 이익성장률 g에 의해 결정된다는 결론에 도달하게 된다. 요구수익률 k는 무위험 이자율에 기업 고유의 리스크 요소를 더해서(r+리스크 프리미엄) 계산된다.

즉, 기업의 위험이 줄어들면 적정 PER은 높아진다. 또한 성장률 g가 높을수록 분모는 작아지므로 적정 PER은 높아진다. 이는 앞서 DCF와 PER의 관계에서 성장성이 높을수록 고PER을 받게 된다는 사실과도 일맥상통한다.

이를 종합해보면, 다음과 같은 특징을 가진 기업의 적정 PER이 높아진다고 결론 내릴 수 있다.

- 성장률(g)이 높은 기업
- 이익안정성이 높은 기업: 리스크 프리미엄이 낮아서 요구수익률(k)이 낮아짐
- 재무안정성이 높은 기업

통상 업종이나 산업 내 1등 기업은 PER 프리미엄을 받는 경우가 흔한데, 이는 위의 항목 중 '이익안정성'과 관련이 깊다. 예를 들어 반도체 산업은 불황이 도래하더라도 1등 기업인 삼성전자는 소폭이나마 흑자를 유지하는 경우가 많지만, 2등 SK하이닉스는 큰 폭의 적자를 기록하곤 한다. 이는 SK하이닉스에 더 높은 리스크 프리미엄이 요구된다는 뜻이고, 이에 따라 적정 PER 수준은 삼성전자 대비 낮아진다.

요즈음 한국 증시에는 '영업이익률이 높으면 PER이 높아야 한

다'라거나 '설비투자가 적은 소프트웨어나 플랫폼 기업은 PER이 높아야 한다' 같은 얘기가 떠돈다. 그러나 이들 요소는 성장률이나 요구수익률에 영향을 미치지 못한다. 따라서 이런 주장은 이론적 근거가 전혀 없을뿐더러 옳지도 않다.

고PER주가 가장 위험한 시점

고성장을 구가하는 기업은 PER이 높기 마련이다. 그런데 어떤 기업이든 끝없이 고성장을 이어갈 수는 없다. 급성장을 구가하던 산업도 어느 순간 성숙기에 돌입하면서 성장성이 둔화되는 시점이 반드시 오기 마련인데, 바로 이때가 가장 위험하다.

카카오는 2010년대 내내 빠른 성장세를 보여준 기업이었고 이에 따라 PER도 늘 높았다. 고PER임에도 2020년까지 카카오 주가는 기록적인 상승을 보여주었다. 언택트 붐까지 더해진 코로나 시기 최고점에서 카카오의 PER은 무려 219배에 달하기도 했다.

하지만 카카오의 성장세는 2020년을 기점으로 확연히 줄어들었다. 플랫폼 산업이 성숙 단계에 접어들었기 때문이다. 2021년 카카오의 영업이익 성장은 20% 수준에 머물렀고, 2022년과 2023년에는 오히려 역성장을 기록했다. 즉 고성장 기업이었던 카카오

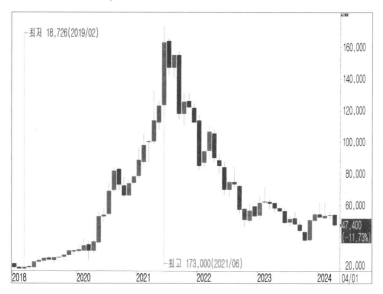

〈도표 3-4〉 카카오(월봉, 2018~2024)

가 저성장 기업으로 변했고, 그럼에도 여전히 PER은 높은 수준에 머물러 있었다는 것이다. 이때가 바로 가장 위험한 시점이었다. 실제로 2021년 17만 원을 고점으로 카카오 주가는 지속 하락하기 시작하여 2023년 5만 원대 초반 수준까지 3분의 1토막이 나는 수모를 겪어야만 했다.

고PER 자체가 위험한 것은 아니다. 그러나 고PER은 반드시 고성장세가 지속되는 동안만 유지될 수 있다는 사실을 명심할 필요가 있다.

한때 고성장을 지속하여 고PER주의 위치에 있다가 성장이 둔화되면서 저PER주로 바뀌고, 이 과정에서 심각한 주가 하락을 겪은 사례는 이루 헤아릴 수 없을 만큼 많다. 항상 조심하고 경계해야 할 대목이다.

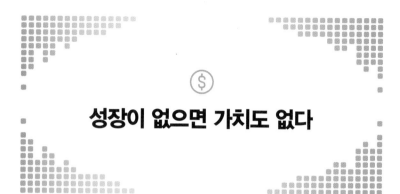

성장이 없으면 가치도 없다

성장하는 기업에 투자해야 하는 이유

필립 피셔는 《위대한 기업에 투자하라》에서 '위대한 주식을 적정한 가격에 사는 전략'이 '그저 그런 주식을 싸게 사는 전략'보다 왜 우월한지에 대해 다음과 같이 설명했다.

—— 성장주가 훨씬 높은 투자 수익을 가져다주는 이유는 10년마다 몇백 퍼센트씩 주가가 높아지기 때문입니다.
이와는 대조적으로 순자산가치에 비해 아주 싸게 거래되는 주식은 기껏해야 50% 상승하는 데 그칩니다. (…) 1만 달러를 투자하고 1년 후와 10년 후에 4만 달러 내지 15만 달러로 불릴 수 있는 다른 방법은 어떤 것이 있을까요?

왜 이런 일이 벌어질까? 기업의 가치가 정적이지 않고 동적이기 때문이다. 특정 시점에 저렴하게 산 그저 그런 기업은 당시에는 쌀 수 있지만, 몇 년이 지나면 기업가치가 하락해 비싸질 수 있다. 반면 특정 시점에 제 가격에 산 위대한 기업은 당시에는 싸지 않지만 이후 기업가치가 상승하면서 싸질 수 있다. 시간이 지날수록 가치가 계속해서 성장하는 기업에 투자하여 오래도록 보유하면 절대 실패할 수 없다. 그러므로 위대한 기업이냐 아니냐가 중요한 것이지 싸게 사느냐 아니냐는 부차적인 문제다. 이것이 그레이엄에서 피셔로 넘어오면서 가장 크게 바뀐 부분이다.

또한 피터 린치는 이런 말을 남겼다.

—— 뛰어난 기업의 주식을 보유하고 있다면 시간은 당신 편이다.

이것이 핵심이다. 세상의 변화에 잘 적응한 기업은 지속 성장하게 마련이고, 이를 통해 늘어난 이익이 바로 주주의 몫이 된다. 투자자가 할 일은 성장의 과실이 점점 더 커질 수 있도록 가만히 기다려주는 것뿐이다. 이것이 바로 '시간에 기대어 투자하는' 전략이다.

안전마진을 재정의하라

그레이엄이 제시한 안전마진은 〈도표 3-5〉와 같이 표현할 수 있다. 기업의 가치는 정적이고 고정되어 있다. 주식을 매수할 시점은 가치와 가격 간 괴리가 커졌을 때이고, 이때의 가격과 가치의 차이가 바로 안전마진이다. 가치와 괴리된 가격은 시간이 지나면서 정상화되는데, 이때가 바로 주식을 매도해야 할 시점이다.

　이런 정적 모델에서 가치와 가격 간 괴리가 축소됨에 따라 벌어들일 수 있는 이익은 얼마나 될까? 피셔의 표현을 빌리면 "순자산 가치에 비해 아주 싸게 거래되는 주식은 기껏해야 50% 상승하는

〈도표 3-5〉 그레이엄의 안전마진: 가치는 정적이고 고정되어 있다

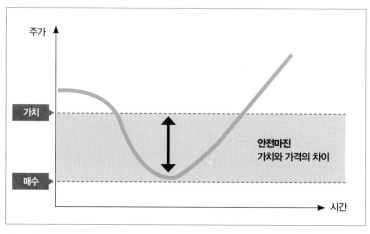

자료: 벤저민 그레이엄, 《현명한 투자자》

데" 그친다. 실제로도 그렇다. 성장이 정체되어 있는 기업을 아주 싸게 잘 샀다고 하더라도 최종 수익은 50%, 아니면 기껏해야 3~4배를 넘기 어렵다.

50%나 3~4배도 대단한 수익 아니냐고 생각하는가? 그러나 대개 이런 투자는 3~10년이라는 기간을 두고 하는 것이라는 점을 고려해야 한다. 10년을 기다렸는데 겨우 50% 올랐다면 괜찮은 성적일까? 연평균 단리로 계산하면 수익률이 5%밖에 안 되는 것이니 좋은 성과로 보긴 어려울 것이다. 게다가 이런 투자가 매번 성공하는 것도 아니다. 포트폴리오 내에서 실패한 투자 건을 벌충하고 전체적으로 우수한 수익률을 기록하기에는 잘된 사례가 50% 또는 3~4배여서는 너무나 부족하다.

성장하는 기업에 투자할 경우 안전마진은 〈도표 3-6〉과 같이 달라진다. 안전마진(가격과 가치의 차이)이 확보된 상태에서 주식을 잘 샀다면, 이후에는 안전마진이 시간의 경과에 따라 더 확대되는 것을 확인할 수 있다. 이처럼 기업가치가 지속적으로 우상향한다면 주식을 팔 필요가 없어진다. 그냥 시간을 내 편으로 믿고 기다리면 당신의 재산은 기업의 성장과 더불어 증가하게 된다.

이 새로운 모형에서 가장 중요한 것은 우상향의 각도다. 우상향의 각도가 가파른 기업, 즉 성장이 빠른 기업을 선택하면 재산 증식의 속도 또한 빨라진다. 또한 너무 많은 안전마진을 확보하고자

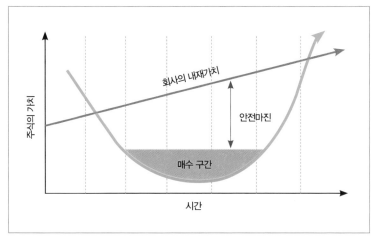

자료: 위키피디아

마냥 기다리기보다는 적정한 안전마진 상태에서 하루라도 일찍 투자하는 것이 더 유리하다는 사실도 알 수 있다. 미국의 유명 투자가 하워드 막스(Howard Marks)의 말을 염두에 두자.

—— 중요한 것은 타이밍(timing)이 아니라 타임(time)이다.

성장에 대한 착각

결국 성장이 가장 중요하다. 성장하지 않는 기업은 투자할 가치가 없다. 기껏 열심히 노력해서 아주 저평가인 상태에서 사봤자 한두 모금 피울 정도만큼의 수익만 거둘 수 있을 뿐이고, 그조차도 타이밍을 놓치면 담뱃불에 손을 데게 된다.

여기서 꼭 짚고 넘어가야 할 부분이 있다. 성장이 중요하다는 건 알겠는데, 과연 무엇의 성장을 말하는 것인가? 이 부분에 대한 오해가 한국의 투자자들, 특히 교조적 가치투자자들 사이에 폭넓게 퍼져 있다. 대한민국 증시에서 성장주란 통상 성장 산업이나 성장 테마를 일컫는다. 예를 들어 2021년 하반기 증시를 강타한 'NFT(Non-Fungible Token, 대체불가토큰) 열풍'이나 2023년 8월 증시를 뜨겁게 달군 '초전도체 소동' 같은 것들이 그렇다. 과거 2000

〈도표 3-7〉 위메이드(주봉, 2021~2024)

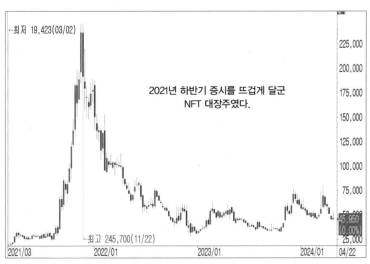

년 전후 새롬기술 등의 '닷컴 광풍' 또한 그런 예가 될 것이다.

한국의 교조적 가치투자자들은 '성장 산업' 또는 '꿈만 있는 테마'와 '진짜 성장'을 구분하지 않고, 그저 '성장주는 위험하니 우리는 안전한 가치주만 투자할 거야'라는 식의 말로 오히려 성장의 참뜻을 왜곡한다.

피셔와 버핏이 말하는 성장은 '산업의 성장'도 아니고, '기업 외형의 성장'도 아닌 '기업이익의 성장'을 의미한다. 보다 정확히는 'EPS의 성장'이다. 한국 증시에 만연한 '성장주'의 개념으로 보면 코카콜라는 성장주가 아니다. 그러나 피셔와 버핏의 관점에서 보면 코카콜라는 지난 수십 년간 해마다 이익과 EPS가 꾸준히 증가해온 '성장주'다. 버핏이 코카콜라를 산 이유는 가치주여서가 아니라 성장주이기 때문이라는 사실을 정확히 인식하는 것이 무엇보다 중요하다.

1988년 코카콜라를 산 버핏은 이후 35년간 총 1,800%의 수익을 거뒀다. 코카콜라가 자사주 매입을 반복하는 동안 버핏의 지분율은 7.8%에서 9.3%로 증가했고, 배당금은 1995년 1,000억 원에서 2021년 8,000억 원으로 8배가 늘었다. 흔히 성장이 멈춰 있는 것으로 생각하는 코카콜라는 지난 26년간 8배, 즉 매년 29%씩 이익을 늘려온 성장주였던 것이다.

흔히 성장 산업에 속하는 기업을 대충 사놓고 '나는 성장주에 투자하고 있다'라고 착각하기 쉽다. 그러나 산업이 성장한다고 해서 그 산업 내의 모든 기업이 성장하는 것은 아니다. 그 기업의 매출이 산업의 성장세에 힘입어 빠르게 성장한다고 하더라도 산업 내 경쟁 심화로 이익은 늘어나지 않는 '속 빈 강정'이라면 이 또한 진짜 성장이 아니다. 오직 기업이익, 그중에서도 주가와 직결되는 주당순이익이 성장하는 회사라야 진짜 성장주다.

이는 한국의 이차전지 산업에도 그대로 적용할 수 있다. 2021년에는 대한민국 증시에 상장된 이차전지 주식들이 향후 산업 성장에 대한 기대감으로 다 같이 많이 올랐고, 모두 높은 PER을 받았다. 2022년에는 증시가 전반적으로 침체하면서 이차전지 주식들도 동반 하락했다. 2023년 들어 이들 이차전지 주식 중에 진짜로 성장이 있었던 주식은 다시 크게 오른 반면, 그렇지 못한 주식들은 철저히 소외됐다.

같은 이차전지 소재주이지만 천보는 2023년에 이익이 줄어들면서 주가 또한 반토막이 난 반면, 에코프로비엠은 이익이 4배 성장하면서 주가 또한 그만큼 올랐다. 이를 통해 성장이란 오직 기업이익, 특히 주당순이익의 성장만을 의미하는 것이지, 산업의 성장이나 외형의 성장과는 무관하다는 것을 확인할 수 있다.

〈도표 3-8〉 천보(주봉, 2021~2023)

〈도표 3-9〉 에코프로비엠(주봉, 2021~2023)

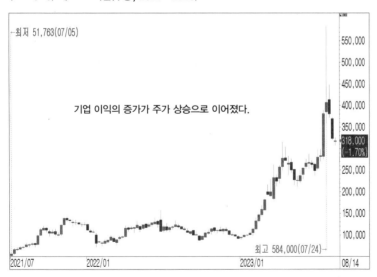

4장

그들은 왜 이차전지를
외면했을까?

역발상을 갖고, 공포에 흔들리지 마라.

────────

벤저민 그레이엄

에코프로 30배, 에코프로비엠 10배 간다고 한 이유

밸류에이션에 따라 전망했을 뿐

'주가는 단기로는 인기 투표 기계이고, 장기로는 저울이다'라는 말이 있다. 투자란 가치보다 저렴한 가격으로 사는 행위다. 쌀 때 사두면 장기적으로는 저울처럼 제 가치를 찾아간다는 믿음을 갖는 사람이 바로 투자자다. 느낌으로 혹은 차트를 분석해서 또는 수급을 파악해서 금방 오를 것 같아 사는 사람은 투기자이지 투자자는 아니다.

2022년 6월 16일 〈서정덕TV〉에서 '에코프로 30배, 에코프로비엠 10배 간다'라는 제목의 방송을 했다. 나는 투자자의 관점에서 에코프로와 에코프로비엠의 가치를 평가해봤고, 제 가치에 비해 현저히 쌌기 때문에 언젠가는 오를 거라는 판단으로 얘기했을 뿐이다. 당시 내가 밸류에이션한 과정은 다음과 같다.

2022년 3월 2일, 에코프로그룹은 온라인 기업설명회 행사에서 장기 CAPA 계획을 발표했다. 양극재는 배터리 제조사가 선주문을 하고 주문한 물량을 반드시 사 가야 하는 바인딩(binding) 계약 형태로 이뤄지기 때문에 실적을 추정하기가 너무나 쉬운 사업 구조로 되어 있다. 발표된 CAPA 증설 계획을 바탕으로 하면 되니 말이다.

에코프로그룹이 발표한 내용에 따르면 2026년 55만 톤 CAPA를 계획 중이라고 했다. 양극재 시세가 1만 톤당 7,000억 원이니 2026년 예상 매출액은 '55×7,000억 = 38조 5,000억 원'이 된다. 여기에 영업이익률 13%를 적용하면 2026년 예상 영업이익은 '38조 5,000억 원×13% = 5조 원'이 되고, PER 30배를 적용하고 비용 등을 고려해 0.8을 곱해주면 적정 시가총액은 '5×30×0.8 = 120조 원'이 된다. 그런데 당시 2022년 6월 16일 기준, 시가총액이 12조 8,000억 원이니 2026년 적정 주가까지 상승 여력은 '120조 원÷12조 8,000억 원'으로 무려 9.4배나 된다.

- 2026년 예상 매출액: 55만 톤×7,000억 = 38조 5,000억 원
- 2026년 예상 영업이익: 38조 5,000억 원×13% = 5조 원

- PER 30배 적용 적정 시가총액: 5조 원×30×0.8 = 120조 원
- 2022년 6월 16일 기준 시가총액: 12조 8,000억 원
- 2026년 적정 주가까지 상승 여력: 120조 원÷12조 8,000억 = 9.4배

앞서 말한 것처럼 엄정하고 정밀하게 밸류에이션한 것은 아니다. '3년에 10배'가 아니라 '3년에 9.4배'라고 얘기하는 게 보다 정확한 것일 수 있다. 2026년 완성 CAPA가 55만 톤이니 통상 6개월간의 수율 확보 기간을 고려하면 CAPA 풀 가동을 고려한 매출 38조 5,000억 원에 못 미칠 수 있다. 2026년 예상 영업이익률 13%는 이동채 회장의 발언 '영업이익률 15%를 목표로 한다'와 제조업의 통상 영업이익률 10%를 고려한 수치다. PER 30배 적용 시 영업이익에다 곱한 0.8은 영업외비용과 법인세 비용 등이 영업이익의 20% 수준이 될 것을 가정한 수치다.

세밀하게 따진다면 방송에서 한 발언은 다소 과장된 것일 수도 있다. 하지만 한편으로는 과소평가된 것일 수도 있다. 그 이유는 크게 세 가지를 들 수 있다. 첫째, 리튬 등 이차전지용 원자재 가격은 수급 구조상 계속 상승할 수밖에 없고 이는 양극재 판가 상승의 원인이 되기 때문이다. 둘째, 에코프로그룹의 CAPA 증설 계획은 하이니켈 양극재만 포함한 것으로 망간리치(NMX), LFP 등 신규 제

품군 매출이 추가될 가능성이 존재하기 때문이다. 셋째, 전기차용 양극재 부족 현상이 심화되고 있어서 배터리 제조사로부터 CAPA 증설 시점을 당겨달라는 요구가 빗발치고 있기 때문이다. 그러면 CAPA 증설 속도가 더 빨라질 가능성이 있다. 그 외에도 실적이 더 높아질 다양한 가능성이 존재한다.

어차피 3년 뒤의 매출과 영업이익, 순이익을 끝자리 숫자까지 정확하게 예측하는 것은 불가능하다. 조금 틀려도 관계없으니 미래 실적을 과감하게 추정해볼 필요가 있다. 실적 추정은 반드시 본인이 스스로 해야만 한다. 어차피 연봉 수억 원씩 받는 애널리스트들조차 말도 안 되게 틀리니 '틀릴까 봐' 지레 겁먹을 필요는 없다. 어렴풋이라도 맞히는 것이 아예 시도조차 하지 않는 것보다는 나으니 말이다. 게다가 틀려도 괜찮도록 '안전마진'이라는 보호막까지 두지 않는가.

여기서 꼭 한 가지 명심해야 할 부분이 있다. 실적 추정을 '보수적'으로 하면 안 된다는 것이다. 실적 추정은 꼭 '냉정하게 객관적으로' 해야만 한다. 이것이 여의도 애널리스트들의 에코프로비엠 실적 추정과 나의 실적 추정에서 가장 다른 부분이고, 투자 판단에서 엄청난 차이를 발생시키는 부분이기도 하다. 이와 관련해서는 '니들이 밸류에이션을 알아?' 편에서 다시 이야기하겠다.

어쨌든 에코프로비엠의 3년 뒤 적정 시가총액이 120조 원으로

추정됐고, 이를 기초로 에코프로를 밸류에이션한 과정은 다음과
같다.

- 에코프로비엠의 지분가치: 120조 원 × 46% × 50% = 27조
  6,000억 원(A)

  ※ '46%'는 에코프로가 보유하고 있는 에코프로비엠 지분 45.58%
  를 반올림한 것이고, '50%'는 여의도에서 컨센서스를 이루고
  있는 더블 카운팅(double counting, 중복상장) 할인율이다.
- 비상장 자회사의 지분가치(에코프로비엠 지분가치와 동일한 수준):
  27조 6,000억 원(B)
- 3년 뒤 적정 시가총액: A + B = 55조 2,000억 원
- 2022년 6월 16일 시가총액: 1조 9,000억 원
- 2026년 적정 주가까지 상승 여력: 55조 2,000억 원÷1조
  9,000억 원 = 29배

에코프로의 적정 주가를 계산하는 과정은 에코프로비엠보다 훨씬
더 심플했다. 에코프로이노베이션이나 에코프로머티리얼즈 등 비
상장 자회사 개별 가치를 일일이 계산하지 않고 그저 다 합쳐서 에
코프로비엠만큼의 값어치는 충분히 있을 거라는 판단하에 같은 금
액을 책정했다.

이렇게 단순화해서 계산해도 되나 싶어 고개를 갸우뚱거리는 사람도 있을지 모르겠다. 그러나 복잡하고 정밀하게 계산한다고 해서 그 결과치가 반드시 더 정확한 것은 아니다. 산업에 대한 이해, 기업에 대한 이해가 충분하면 이렇게 단순화해서 계산한 것이 오히려 더 결과치와 가까운 경우도 많다. 어쨌든 안전마진은 충분하니까 많이 오른 다음 더 정밀하게 계산해도 충분하다.

내가 밸류에이션한 결과를 보면 당시 에코프로의 가격이 믿을 수 없을 만큼 저렴했다는 사실은 분명히 알 수 있다. 당시 에코프로의 시가총액이 1조 9,000억 원이었는데, 이는 보유 중인 에코프로비엠 지분가치(12조 8,000억 원×46% = 5조 9,000억 원)의 32% 수준밖에 되지 않았다. (현재 증시에서 적용되는) 이중상장 할인율 50%를 적용하더라도 3조 원은 되어야 했다.

3조 원으로 잡더라도 에코프로는 58%의 상승 여력이 있는 셈이었고, 거기다가 리튬 사업을 하는 에코프로이노베이션, 전구체 사업을 하는 에코프로머티리얼즈, 폐배터리 사업을 하는 에코프로씨엔지까지 알짜 비상장 자회사들을 갖고 있으니 노다지도 이런 노다지가 없었다. 너무나 저평가된 주식을 발굴해서 가슴이 뛰었고, 방송 후 나도 에코프로 주식을 샀다.

처음에는 나도 몰랐다

2022년 6월 22일에 산 에코프로 주식은 2023년 7월 26일 최고가 기준으로 불과 1년여 만에 20배도 넘게 올랐다. 에코프로를 처음 발굴하고 매수할 때도 이렇게 싼 주식은 처음 본다 싶었지만, 이렇게 단기간에 많이 오르는 경우도 처음 겪어봤다. 그런데 그런 에코프로조차도 사자마자 오른 것은 아니다.

2022년 6월 29일 증시 개장 진, LG에너지솔루션이 미국 애리조나에 짓기로 했던 원통형 단독공장의 건설을 재검토한다는 뉴스가 나왔다. 사실 이 공장은 11Gwh 규모의 비교적 소규모 공장으로 대세에 영향을 미치는 소식도 아니었다. 당장 북미에서 제너럴모터스(General Motors, GM)와 합작으로 건설 중인 얼티엄 셀즈(Ultium Cells)만 해도 2025년까지 110Gwh 규모이니 그 10분의 1도 안 되는 아주 작은 공장이었다. 그럼에도 증시는 이 소식이 마치 엄청난 악재라도 되는 양 무섭게 반영했다.

당시 여의도 증권가는 이 별것도 아닌 일에 과민반응을 보였다. LG에너지솔루션의 애리조나 공장 건설 연기는 배터리 수요가 둔화되고 있는 증거라는 식의 이상한 해석도 불거져 나왔다. 6월 29일 발표 이후 LG에너지솔루션은 단 4일 만에 13.3% 하락했다. 더어이없는 사실은 LG에너지솔루션과는 거래 관계도 없는 에코프로와 에코프로비엠이 각각 4일과 3일 만에 -15.1%를 기록해 더 많이 하락했다는 것이다.

처음 산 가격 대비 10% 이상 하락해서 기분은 나빴지만 좋은 추

〈도표 4-1〉 LG에너지솔루션의 주가 추이

날짜	종가	전일비		시가	고가	저가	거래량
2022.07.04	356,000	▼	500	356,500	361,000	352,000	161,015
2022.07.01	356,500	▼	14,500	371,000	371,500	356,000	434,833
2022.06.30	371,000	▼	20,500	388,500	389,000	370,500	459,845
2022.06.29	391,500	▼	19,000	402,000	403,500	391,500	327,192
2022.06.28	410,500	▼	1,500	412,000	415,000	406,500	129,697

자료: 네이버페이 증권

〈도표 4-2〉 에코프로의 주가 추이

날짜	종가	전일비		시가	고가	저가	거래량
2022.07.04	67,400	▼	300	68,600	69,700	65,400	258,441
2022.07.01	67,700	▼	3,900	71,600	72,100	66,500	436,409
2022.06.30	71,600	▼	5,200	76,700	77,300	70,700	420,307
2022.06.29	76,800	▼	2,600	78,000	78,800	76,200	345,497
2022.06.28	79,400	▲	4,200	75,300	80,500	74,800	792,309

자료: 네이버페이 증권

〈도표 4-3〉 에코프로비엠의 주가 추이

날짜	종가	전일비		시가	고가	저가	거래량
2022.07.04	111,800	▲	3,200	110,400	112,900	106,900	648,837
2022.07.01	108,600	▼	4,900	112,900	114,600	108,000	695,589
2022.06.30	113,500	▼	7,900	120,600	122,600	112,000	924,611
2022.06.29	121,400	▼	6,500	125,400	125,600	120,800	787,677
2022.06.28	127,900	▼	8,000	133,900	136,600	126,100	1,339,086

자료: 네이버페이 증권

가 매수 기회라고 생각했다. 7월 1일 금요일 아침 〈서정덕TV〉 방송에 전화 연결을 해서 지금의 하락은 말도 안 되며 오히려 좋은 매수 기회라고 얘기했고, 7월 4일 월요일에 에코프로를 추가로 더 샀다. 당시에는 급격히 하락하고 있어서 사실 나도 더 내려갈까 봐 겁이 났다. 하지만 '손을 덜덜 떨면서' 더 샀고, 지금에 와서 보니 너무나 잘한 일이었다.

2022년 6월 말 주가 급락의 원인이 됐던 '1조 7,000억 원 애리조나 공장 건설 보류'는 2023년 3월 7조 2,000억 원으로 규모를 무려 4배나 더 키워 재개됐다. 2022년 6월 말 공포에 질려 에코프로 등 이차전지 주식 투매에 동참한 사람들도 분명히 있을 것이다. 공포에 사고 탐욕에 팔라고 하는 이유가 바로 여기에 있다.

에코프로 주가가 1년여 만에 20배 이상 오른 데는 '행운'도 작용했다. 2022년 8월 미국이 IRA, 즉 인플레이션 감축 법안을 통과시킨 것이다. IRA가 통과되면서 리튬과 전구체 등 이차전지 관련 광물자원의 국산화가 무엇보다 중요해졌고, 이차전지 업종 중에서도 광물 관련 주식들이 상승세를 이끌게 됐다.

앞서 에코프로의 이동채 회장이 혜안을 갖고 리튬과 전구체 등 광물 관련 사업을 2017년부터 준비해왔다고 이야기했는데, 이 관련 사업이 그룹 내에서도 에코프로에 몰려 있었다. 더군다나 자원 관련 생산라인의 완공 시점이 마침맞게도 2022년이었다. 이는 에코프로의 실적 폭발로 이어졌고 IRA와 맞물려 증시에서 소외되고 있던 에코프로가 제대로 주목받는 계기로 작용했다.

물론 IRA 관련 얘기들이 2021년부터 계속 진행 중이었기 때문에 2022년 6월 에코프로를 소개할 때부터 관련 내용은 다 알고 있었고, 그 때문에 유망하게 여겨서 투자한 것이기도 하다. 하지만 당장의 세상일도 다 알기 어려운데, 다가올 일들을 누가 알겠는가. 2022년 8월 IRA 법안이 통과되고, 특히 광물의 중국 배제 조항이 엄격하게 적용됨으로써 에코프로가 직접적 수혜를 크게 받으리라고까지는 예상하지 못했다. 이것이 나의 투자 수익에도 큰 보탬이 됐기에 '행운'이라고 한 것이다.

내가 투자한 동인도회사의 배가 머나먼 아시아를 향해 출항했다. 물론 '위대한 선장과 튼튼한 배, 우수한 선원들'을 갖춘 배이니만큼 3년 뒤엔 아시아의 귀중한 물건을 많이 담아 돌아올 것으로 믿는다. 그런데 운 좋게도 순풍을 만나 더 빨리 돌아오거나, 더 값비싼 물건을 더 많이 가져올 수도 있을 것이다. 물론 반대로 불운이 겹쳐 빈손으로 돌아올 수도 있고 말이다.

투자에서 '행운'이란 이런 것이다. 매번 순풍이 불 수는 없는 것처럼 늘 행운이 함께할 순 없다. 행운이 따른다면 원래 기대보다 더 큰 성과를 얻을 것이고, 반대로 불운이 따른다면 원래 기대보다 못한 성과를 얻을 것이다. 요컨대 투자에서 행운이란 것도 분명히

한 부분을 차지하는 요소라는 얘기다. 행운과 불운은 우리가 컨트롤할 수 있는 대상이 아니니 행운이 따르면 기뻐하고 감사할 일이며, 불운이 닥쳤다고 기죽거나 속상해하지 말아야 한다. 불운 뒤엔 곧 행운이 따를 것이니 말이다.

여의도 증권가가
이차전지를 무시한 이유

신뢰를 잃은 증권사와 애널리스트

증권사의 책무는 무엇인가? 상승할 주식을 고객들에게 추천해 줌으로써 고객들의 재산을 살찌우는 것이다. 그런 약속을 하고 돈을 위탁받아 운용하면서 각종 수수료를 받지 않는가. 그런데 2022~2023년 코스닥에서 가장 많이 오른 에코프로와 코스피에서 가장 많이 오른 금양에 대해 '매수 의견'을 내놓은 대한민국 증권사는 단 한 군데도 없었다. 이야말로 대한민국 투자자들 앞에서 석고대죄해야 할 일이 아니고 무엇인가?

매수 의견은 고사하고, 2022년 내내 그리고 2023년에도 계속해서 여의도 증권사들은 한국의 이차전지 기업들에 대해 부정적 의

견만 제시했다. 앞서 얘기한 2022년 6월 말 LG에너지솔루션의 애리조나 공장 건설 계획 유보도 사실상 악재라고 할 것이 아니었지만, 왜곡된 해석과 부풀려진 보도 탓에 이차전지 주식들이 동반 폭락했다. 당시 시황과 관련해서 '롱-숏 전략'을 주로 사용하는 기관과 외국인 사모 펀드의 공매도 때문이었을 가능성도 제기된다.

특히 2022년 11~12월에 여의도 증권사들은 한국의 이차전지 주식들은 고평가되어 있다고 한목소리를 냈다. '10년 치 이익을 미리 땡겨 왔다', 'PER이 100배도 넘는다' 같은 얘기를 마치 짠 듯이 반복했는데, 전혀 사실이 아니었다. 고평가로 지목받은 대표적인 기업이 에코프로비엠이다. 이 기업의 2022년 연말 주가는 9만 2,100원이었고, 이를 기준으로 한 2022년 PER은 37.8배였다. 2022년 한 해에만 300% 성장한 회사의 PER이 고작 37.8인데, 당시 여의도 증권사와 증권방송 프로그램들은 지나친 고평가 상태라고 떠들어댔다. 도대체 무엇을 근거로 이런 얘길 만들어낸 것일까?

2022년 한 해에만 에코프로의 영업이익은 860억 원에서 6,132억 원으로 7배, 에코프로비엠은 1,150억 원에서 3,807억 원으로 3.3배 증가했다. 그럼에도 양사의 주가는 2022년 내내 거의 오르지 않았다. 피터 린치는 "몇 달간, 심지어 몇 년간 기업의 실적과 주가가 따로 노는 경우도 종종 있다"라고 했는데, 딱 그 상황이었다. 이어지는 린치의 말은 이렇다. "장기적으로 보면 기업의 성공과 주식의 성공은 100% 상관관계가 있다. 기업의 성공과 주식의 성공 간 괴리가 돈을 벌게 해주는 핵심 요인이다. 인내심은 보답받으며, 성공하는 기업의 주식을 갖고 있어도 역시 보답받는다." 그의 말처럼 2023년 들어 에코프로와 에코프로비엠의 주가는 마치 로켓처럼 솟아올랐다.

2023년 연초부터 오르기 시작한 에코프로비엠은 4월 중순 29만 6,000원까지 3.2배, 에코프로는 76만 9,000원까지 7.5배 상승하는 기염을 토했다. 그러자 여의도 증권사는 단지 지나치게 많이 올랐다는 이유로 매도 의견 리포트를 쏟아냈고, 객관성을 철칙으로 삼아야 하는 애널리스트 본연의 자세를 잊고 저주의 발언도 서슴지 않았다. 그처럼 소란스러운 와중에도 에코프로와 에코프로비엠은 2022년 영업이익이 각각 7배, 3.3배 늘어난 것과 비슷한 정도인 각 7.5배, 3.2배의 주가 상승을 기록한 것이었다. 기업 실적의 개선치만큼 주가가 상승한, 너무나 자연스러운 일이었다. '증시는 장기로는 저울'이라는 말을 제대로 보여준 것이다.

에코프로 형제의 주가 상승이 지속될 동안 여의도 증권사들과 증권방송을 비롯하여 자산운용사 관계자들, 그들과 관계된 각종 전문가는 시종일관 '비싸다, 고평가다, 곧 하락할 것이다. 조심하라' 등의 의견을 쏟아냈다. 물론 이런 의견이 '사심과 편견' 없이 개인 투자자들의 수익 증대를 위한 것이라면 하등 문제가 없을 것이다. 하지만 에코프로 등 이차전지 주식을 안 좋게 보고 대량 공매도를 쳐놓은 기관들의 이익을 위해 급조해서 내놓은 것이다 보니 근거가 뒷받침되지 못했고, 따라서 많은 개인 투자자들의 반발을 샀다. 마치 기자들 중 일부 '기레기(기자+쓰레기)'로 불리는 이들이 재벌과 가진 자들의 편에 서서 사실을 왜곡하듯, 일부 애널리스트들이 유력 기관들의 입장에 서서 사실을 왜곡하고 훌륭한 기업을 폄하하는 일을 서슴지 않은 것이다. 그래서 애널리스트들의 신뢰가 땅에 떨어졌고, '기레기'에 빗대 '애레기(애널리스트+쓰레기)'라는 신조어가 만들어지기도 했다.

5월 18일 유튜브 채널 〈한경 코리아마켓〉에서 '애널리스트 수난시대: 사람들은 왜 애널리스트보다 배터리 아저씨를 신뢰하나'라는 방송을 했다. 이 방송에는 증권사 애널리스트가 왜 개인 투자자의 이익이 아니라 공매도 기관들의 편에 설 수밖에 없는지, 그리고 왜 사심과 편견에 사로잡힌 리포트를 내놓을 수밖에 없는지에 대한 얘기가 잘 정리되어 있다. 핵심을 짚자면 다음과 같은 내용이다. 애널리스트는 개인을 위한 조직이 아니라 기관들을 위한 조직이고, 그러다 보니 사실에 근거한 객관적인 리포트를 쓰기 어려운 구조이며, 따라서 매수 의견 일색의 리포트만 쏟아진다. 그 결과 투자자들의 신뢰를 잃어 리포트와 리서치센터의 존재 가치가 떨어지는 악순환 고리가 작동하고 있다는 것이다.

증권사 리서치의 신뢰 상실 문제가 점점 심각해지자, 2023년 6월 12일 금융감독원은 긴급히 증권사 리서치센터장을 소집해 비공개 간담회를 열었다. 그 자리에서 매수 의견 일색인 리포트 관행을 어떻게 개선할지와 독립 리서치 제도 도입에 관해 얘기를 나눴다고 하는데, 이는 문제의 본질을 제대로 보지 않거나 애써 외면하려 하는 태도다.

2023년 대한민국 증시는 다수의 종목이 하락하는 가운데 이차전지주, 그중에서도 특히 에코프로그룹과 포스코그룹이 상승을 주도한 장세였다. 그런데 하고많은 하락 종목들에 대한 매도 의견 리포트는 하나도 없는 반면, 사모 펀드 기관과 외국인들이 집중적으로 공매도하고 있는 에코프로그룹과 포스코그룹에만 매도 의견 리포트가 연달아 쏟아져 나왔다. 이를 보고 누가 사심과 편견 없이 공정하고 객관적으로 의견을 제시했다고 하겠는가?

이차전지 업종 내에서도 매수 의견 리포트가 쏟아지는 천보와 엘앤에프 등은 실적이 급전직하하며 주가도 급락한 반면 '저주와 조롱'이 가득한 매도 의견 세례를 받은 에코프로그룹주와 포스코그룹주는 연일 상승하는 일이 거듭되다 보니, '애널리스트와 반대로 해야 돈 번다'라는 말이 정설이 되어가고 있다. 애초에 애널리스트는 주가를 맞히는 사람이 아니며, 기업의 펀더멘털을 제대로 예상하는 것이 본업이다. 그런데 매도 의견을 쏟아낸 에코프로 등의 실적은 견조한 반면, 강력 매수를 외친 천보나 엘앤에프 등의 실적은 재앙 수준이다. 이런 터에 부끄러운 줄도 모르고 사과 한 번 제대로 하지 않으니 투자자들이 어떻게 신뢰하겠는가.

금감원은 6월 리서치센터장 간담회에 이어 7월 5일에는 27개 증권사 CEO를 긴급 소집하여 증권사의 신뢰 회복을 위한 간담회를 가졌다. 2023년 4월 라덕연 게이트(SG증권발 하한가 사태)와 관련된 8개 종목 중에 증권사 리포트가 발간된 것은 4개인데 그중 3개가 '매수' 의견 리포트였다는 것이다. 2022~2023년 코스닥에서 가장 높은 상승률을 기록한 에코프로에 대해서는 단 한 개의 '매수' 의견 리포트도 없이 '매도' 리포트만 내놓았는데 말이다. 그날 간담회에서는 증권사의 신뢰가 하락한 이유로 '매수 의견 비중이 높고, 리서치를 무료로 제공하는 것' 등을 꼽았다. 물론 그런 문제도 개선해야 하지만, 더 중요한 건 환경을 탓하기에 앞서 치열한 자정 노력이 있어야 한다는 것이다.

신뢰는 강요한다고 해서 생기는 것이 아니다. 믿음이 가는 객관적이고 공정한 리포트를 내놓으려는 증권사들의 노력이 선행되어야만 투자자들의 신뢰가 천천히 회복될 것이다.

그들이 에코프로를 놓친 진짜 이유

에코프로 논란과 관련하여 여의도 증권사의 진짜 문제는 밸류에이션을 잘못한 것이 아니라 아예 밸류에이션을 한 적조차 없다는 것이다. 2022~2023년 코스닥에서 주가가 가장 많이 오른 주식, 2022년 한 해에 영업이익이 가장 크게 늘어난 주식, 코스닥 시총 1·2위를 차지하는 주식에 대해 단체로 기업분석조차 하지 않았다는 것은 정말 입이 열 개라도 할 말이 없을 일이다. 실력이 안 되면 열심히라도 해야 중간이라도 가지 않겠는가.

인터넷 신문 〈더팩트〉는 2023년 7월 20일 자 "황제주 된 에코프로⋯'배터리아저씨'가 옳았나"라는 제목의 기사에 나와 인터뷰한 내용을 내보냈다. 내용 중에 "한편, 업계에서는 이미 에코프로의 상승세가 증권사들의 추정치를 아득히 넘어섰기에 더 이상의 목표 제시가 불가능하다는 입장이다. 익명을 요청한 한 대형 증권사 관계자는 '에코프로가 과대평가돼 있다는 견해에는 변함이 없다. 투자자들은 기업의 펀더멘탈을 살펴볼 필요가 있다'고 조언했다"라는 문장이 있다.

이 중 '증권사들의 추정치를 아득히 넘어섰다'라는 표현은 새빨간 거짓말이며, 따라서 "에코프로가 과대평가돼 있다는 견해에는 변함이 없다"라는 한 대형 증권사 관계자가 했다는 발언은 비도덕적이고 심지어는 불법적이기까지 한 것이다. 왜냐하면 여의도 증권사를 통틀어 에코프로의 실적을 추정하고 목표 주가를 산출하는 애널리스트는 하나증권의 김현수 연구원 단 한 명뿐이기 때문이다. 하나증권 외의 증권사와 소속 애널리스트는 에코프로를 애초에 분석 대상으로 삼지도 않았기 때문에 실적을 추정한 적도 없고, 목표 주가를 낸 적도 없다. 실적 추정과 밸류에이션 없이 특정 회사의 주가를 '고평가되어 있다'라고 말하는 것은 비윤리적일뿐더러 실정법 위반 소지까지 있다.

네이버페이 증권의 개별 종목 화면에서 '종합정보' 메뉴에 '종목 분석'이라는 탭이 있다. 이를 클릭하면 여의도 증권사들의 실적 추정치 평균과 최근 목표 주가 변동 등을 집계해놓은 데이터를 볼 수 있다. 〈도표 4-4〉에서 볼 수 있듯이 삼성전자의 실적을 추정한 여의도 증권사(추정기관수)는 총 22개인 반면, 〈도표 4-5〉에서 보이듯이 에코프로의 실적을 추정한 곳은 1개뿐임을 쉽게 확인할 수 있다. 그 한 군데가 바로 하나증권이다.

앞서의 기사에서 '에코프로 주가가 실적 추정치를 아득히 넘어섰다'나 '에코프로는 고평가가 확실하다' 같은 얘기가 다 새빨간 거짓말이라는 것이 이렇게 쉽게 확인된다. 여의도 증권사들은 하나증권 딱 한 군데를 빼고는 누구도 실적 추정을 해본 적도 없으면서 공매도 기관들의 이익을 위해 무조건 '비싸다'고 얘기해왔다는 뜻이다.

〈도표 4-4〉 삼성전자 종목분석

투자의견 컨센서스   [기준: 2023.08.23.]

	4.00			투자의견	목표주가(원)	EPS(원)	PER(배)	추정기관수
강력매도 매도 중립		매수 강력매수		4.00	91,364	1,510	44.43	22

제공처	최종일자	목표가	직전목표가	변동률(%)	투자의견	직전투자의견
KB	2023/08/22	95,000	95,000	0.00	BUY	BUY
유안타	2023/08/16	90,000	90,000	0.00	BUY	BUY
키움	2023/08/09	90,000	90,000	0.00	BUY	BUY

* 컨센서스: 최근 3개월간 증권사에서 발표한 추정치의 평균
자료: 네이버페이 증권

〈도표 4-5〉 에코프로 종목분석

투자의견 컨센서스   [기준: 2023.08.02.]

	2.00			투자의견	목표주가(원)	EPS(원)	PER(배)	추정기관수
강력매도 매도	중립	매수 강력매수		2.00	555,000	15,857	77.00	1

제공처	최종일자	목표가	직전목표가	변동률(%)	투자의견	직전투자의견
하나	2023/08/04	555,000	450,000	23.33	Reduce	Reduce

* 컨센서스: 최근 3개월간 증권사에서 발표한 추정치의 평균
자료: 네이버페이 증권

여기에 약간의 비하인드 스토리가 있다. 내가 2022년 금양의 IR 임원직을 수행할 당시 여의도의 이차전지 담당 애널리스트를 만나면 꼭 부탁한 것이 '에코프로를 분석 대상으로 좀 넣어라'라는 것이었다. 에코프로의 주가 상승 가능성이 크다는 것이 첫 번째 이유였고, 에코프로의 전구체·리튬 관련 비즈니스가 투자자들에게 잘 알려져야 우리나라가 이차전지 관련 광물자원을 원활히 확보하는

데 도움이 된다는 애국심이 두 번째 이유였다.

이차전지 담당 애널리스트 10여 명에게 그렇게 부탁했는데, 누구도 귀 기울이지 않았다. 그들이 말하는 첫 번째 이유는 에코프로가 사업회사가 아니라 지주사라는 것이었고, 두 번째 이유는 안 그래도 할 일이 많은데 일거리를 추가하기 싫다는 것이었다. 하기야 월급만 꼬박꼬박 나오면 되는 게 직장인의 생리이니 이해하지 못할 바는 아니지만, 나는 정말 후배 애널리스트들의 매너리즘이 안타깝고 서글펐다. 이차전지나 반도체 등 대한민국의 산업은 세계 무대에서 활약하며 선두를 달리는데 여의도 증권가는 날이 갈수록 나빠지기만 하는 것 같아 마음이 아팠다. 죽기 살기로 일하는 자국 기업들의 피와 땀을 외면해도 되는 사람은 어디에도 없거니와, 특히 기업 평가자로 자처하는 그들은 더더욱 그래선 안 된다는 게 내 생각이다.

고맙게도, 그나마 내 부탁을 들어줘서 흔쾌히 에코프로를 분석 대상에 포함한 애널리스트가 바로 하나증권의 김현수 연구원이다. POSCO홀딩스와 에코프로 등 이차전지 밸류체인에서 광물자원 확보의 중요성을 강조한 〈The Last Puzzle: 공급망 재편 속 수직 계열화의 힘〉 리포트를 타 산업 담당 애널리스트와 공저로 내놓기도 했다. 그런데 지금 여의도의 애널리스트는 법인영업부의 하부 조직에 불과하고 법인영업부의 가장 큰 고객이 롱-숏 사모 펀드이다 보니, 그들의 공매도가 집중된 에코프로에 대해 매도 의견을 낼 수밖에 없었을 것이다. 참으로 안타까운 직장인의 비애다.

작금의 대한민국에서는 몸담은 조직의 이익을 위해 내 양심을 팔아야 하는 경우가 너무나 많다. 특히 여의도 증권사 문화에서 이런 경향이 더 심한 듯하지만 다른 분야라고 특별히 나을 것은 없다. 고 노무현 대통령이 '신뢰는 정말 중요한 사회적 자산'이라는 말씀을 하셨는데 이 말씀을 여의도 증권계와 금융 당국, 우리 투자자 모두가 깊이 새겨야 한다.

처참한 실적을 기록한 자산운용사

2023년 7월 한 달 동안 에코프로그룹주와 포스코그룹주가 급등하면서 여의도 롱-숏 사모 펀드 대부분이 참담한 수익률을 기록했다. 2023년 8월 2일 〈조선비즈〉의 "'한 달 수익률 -30%' 롱숏名家의 처참한 성적표…이게 다 에코프로 때문"이라는 제목의 기사에서는 금융투자업계의 자료를 기반으로 자산운용사별 수익률을 공개했다. 가장 많은 수탁고를 자랑하는 타임폴리오의 주요 펀드들이 약 -10%를 기록했고 블래쉬는 심지어 -33%를 보이기도 하는 등 대다수 롱-숏 사모 펀드의 수익률이 초토화 수준이었다. 게

〈도표 4-6〉 2023년 7월 국내 헤지펀드 수익률 현황

(단위: %)

1개월 수익률	펀드명	자산 운용사
-9.41	타임폴리오 The Time-M 일반사모투자신탁 종류 C-S	타임폴리오
-9.70	타임폴리오 The Time-F 일반사모투자신탁 종류 C-S	
-9.12	안다 크루즈 일반사모투자신탁 제1호 C-S클래스	안다
-8.11	안다 롱숏드림 일반사모투자신탁 제1호 A클래스	
-9.72	쿼드 앱솔루트 롱·숏 에쿼티 일반 사모투자신탁 1호 종류 C-S	쿼드
-14.87	쿼드 콜라보 프로젝트원 일반 사모투자신탁 C	
-9.15	타이거 GLORY 1 일반 사모투자신탁(클래스 C)	타이거
-9.27	타이거 BASE 3 일반 사모투자신탁(클래스 A)	
-14.98	알펜루트 Fleet 11 일반 사모투자신탁 제1호 종류 C-	알펜루트
-11.71	알펜루트 Fleet 16 일반 사모투자신탁 제1호	
-33.06	블래쉬멀티전략일반사모투자신탁 제1호	블래쉬
-22.91	블래쉬멀티전략일반사모투자신탁 제2호	

자료: 금융투자업계

다가 가치투자를 지향하는 자산운용사들도 이차전지주를 담지 않아 처참한 성적표를 받아 들었다.

진짜 한심한 일이다. 지금 여의도 자산운용사들의 태만과 교만은 극에 달해 있다. 이들의 문제점은 운용의 집단화, 밸류에이션 능력 부재, 태만과 교만 등 크게 세 가지로 볼 수 있다.

첫째, 운용의 집단화 문제다.

현재 여의도 자산운용사들은 마치 한 몸처럼 움직인다. 특정 업종,

테마를 기관들이 미리 사놓고 증권사 리서치센터, 각종 증권방송, 유튜브를 통해 띄운 다음 뒤늦게 뛰어든 개인 투자자들에게 고점에 떠넘기는 식의 패턴이 일반화되어 있다. 여의도는 좁은 동네다. 기관 매니저들이 끼리끼리 무리를 이루어 시장의 주도주를 만들기도 하고, 공매도 공격을 집중하여 급락시키는 등 '땅 짚고 헤엄치기' 식 운용이 관행처럼 자리 잡았다.

이런 일이 장기간 이어지다 보니 롱-숏 펀드와는 운용 방향이 완전히 달라야 할 이른바 '가치주 펀드'조차도 이들의 집단화 움직임에 동참하여 같은 성격의 주식을 포트폴리오에 담는다. 그래서 결국 하우스별 특징은 사라지고 이차전지주 상승에서 집단으로 소외되는 참담한 비극을 맞게 된 것이다.

둘째, 밸류에이션 능력 부재의 문제다.

현재 여의도에서 밸류에이션은 사라졌다고 해도 과언이 아니다. 운용사에 대한 성과 평가가 점차 단기화되어서 6개월, 3개월, 심지어는 1개월만 수익률이 저조해도 펀드에 맡겨진 투자금을 회수당하는 일이 빈번해졌다. 그 탓에 '가치에 비해 저렴한 가격의 주식을 사서 최소 3년간 기다리는' 투자는 불가능해졌고, 밸류에이션 관점의 투자 접근 역시 어려워졌다. 이런 일이 지속된 결과 자산운용사들은 밸류에이션 능력 자체를 잃고 말았다.

앞서 언급한 〈조선비즈〉 기사 내용 중에 "에코프로 주가수익비율(PER)이 870배가 나오는데, 이걸 어떤 명분으로 롱으로 가져갈 수 있겠냐"라는 펀드매니저의 발언이 나오는데, 이 문장을 읽고 나는 너무나 놀랐다. 첫째 PER은 미래의 것만 의미가 있는데 2022년 PER, 그것도 지배주주 이익을 기준으로 계산한 870배라는 숫자를 사용했다는 점, 둘째 에코프로 같은 지주사는 보유 자회사 지분가치의 합으로 가치평가를 해야 한다는 점, 셋째 실적 추정과 밸류에이션은 미래 실적을 기반으로 해야 하는데 이를 선혀 고려하지 않았다는 점에서다. 정말이지 매니저로서의 자질이 의심스러운 발언이라고밖에 할 수 없다. 밸류에이션을 배우지 않은 일반 개인 투자자라면 모를까, 전문적 자질과 소양을 갖춰야 할 펀드매니저가 이처럼 기본도 안 된 얘기를 언론사 인터뷰에서 하다니 부끄럽지도 않은가?

셋째, 태만과 교만의 문제다.

이차전지 산업은 대한민국의 미래를 책임질 신성장 동력이 될 것이다. 따라서 고객의 소중한 돈을 운용하는 기관 투자자라면 당연히 이 산업에 대한 공부가 충분히 되어 있어야 한다. 그런데 여의도의 펀드매니저 다수는 《K 배터리 레볼루션》을 꼼꼼히 읽은 개인 투자자보다도 못한 산업 이해도를 갖고 있다. 그야말로 태만의 극치가 아닐까? 그런 태만 때문에 "에코프로는 밈 주식과 같다고 본다"(앞의 기사 중)라는 발언이 나오는 것이다. 그 매니저는 에코프로가 이차전지 밸류체인에서 어떤 역할을 하는지, 그 결과 영업이익이 얼마나 늘어났다든지 등의 사실을 전혀 모른다고 볼 수 있다. 팩트에 대한 조사와 공부가 전혀 되어 있지 않기에 신성장 동력이 될 산업을 '온라인 입소문을 탄 유행성 테마 주식'이라고 말한 것이다.

태만의 연장선상에서 "개인 수급이 아니라면 이렇게 올라갈 수 없는 주식이라고 판단하는 게 상식적"(앞의 기사 중)이라는 교만이 나온다. 자기네 펀드매니저는 우월하고 개인 투자자는 열등하다는 교만에 빠져 있지 않다면 어떻게 이런 말을 하겠는가. 자신들의 밸류에이션이 잘못됐고, 아니 애초에 밸류에이션을 하지도 않은 데다 할 능력도 안 되고, 그래서 시장에서 도태되고 있다는 사실에 애써 눈 감고 있는 것이다.

"Be humble." 시장 앞에 겸손하라는 말은 모든 사람이 반드시 명심해야 할 경구다. 그런데 여의도 자산운용사들은 이를 망각했고, 태만과 교만에 빠진 결과는 형편없는 펀드 수익률로 이어졌다. 자산운용사들이 단체로 잘못된 길을 가다 보니 모든 유형의 펀드가 하나같이 처참한 성적을 기록했고, 이는 당연히 개인 투자자들에게 철저한 외면받는 결과로 이어졌다. 기관 투자자들이 모두 짝

짜꿍이 되어 가장 높은 상승률을 기록한 한국의 이차전지 주식을 외면하고 심지어는 공매도까지 쳤다가 심각한 손실을 보고 있으니, 그런 곳에다가 누가 돈을 맡기겠는가?

여의도 기관들이 이런 식으로 태만과 교만을 이어가면 앞으로도 영원히 신뢰를 회복하지 못할 것이다. 신뢰를 잃은 마르크화의 말로가 어땠는지 한 번쯤 생각해보길 정중히 권한다.

니들이 밸류에이션을 알아?

주가는 못 맞혀도 실적은 맞혀라

애널리스트 시절에 리서치센터장님이 늘 하시던 말씀이 있다. "애널리스트는 주가는 못 맞혀도 되지만 실적은 맞혀야 한다." 기업의 가치를 측정하는 밸류에이션에서 근본은 실적 추정이다. 실적 추정이 엉터리면 그에 기반한 밸류에이션은 당연히 틀릴 수밖에 없기 때문이다. 물론 아무리 똑똑한 사람이라도 끝자리까지 딱 맞아떨어지게 추정할 수는 없다. 하지만 방향성은 맞아야 하고 근사치까지는 갈 수 있게 노력하는 것이 애널리스트로서 당연한 자세다. 주가는 단기 또는 중기적으로는 실적과 무관하게 수급이나 재료 등과 같은 것들로 움직일 수 있다. 그걸 애널리스트가 맞힐 수는 없는 노릇이니 '주가는 못 맞혀도 실적은 맞혀야 한다'는 얘기다.

하지만 지금 여의도의 애널리스트들은 실적 추정부터 너무나 엉망진창이다.

2023년 3~4월 여의도 이차전지 담당 애널리스트 다수는 천보에 대해 매수 추천을 쏟아냈다. 한 가지 예가 2023년 3월 3일 자 〈한국경제〉에 실린 "'천보, 테슬라 LFP배터리 확대 최대 수혜주'-유안타"라는 제목의 기사다. 기사에 따르면 유안타증권은 천보에 대해 "목표 주가 29만 2,000원과 투자 의견 '매수'를 유지"한다면서 그 배경으로 "올해 천보는 매출 5,444억 원, 영업이익 994억 원을 기록할 전망이다"라는 실적 추정치를 내놨다.

또한 양극재 종목 중 기관들의 공매도가 집중된 에코프로비엠에 대해서는 '매도'나 '중립' 의견이 다수였던 반면, 기관들이 주로 갖고 있는 엘앤에프를 양극재 중 탑 픽(top pick, 최선호주)으로 꼽는 경우가 많았다. 그러나 천보와 엘앤에프에 대한 실적 추정은 정말 처참하리만치 틀렸다.

실제 실적 발표치가 애널리스트의 추정치에 못 미치는 경우를 '어닝 쇼크(earning shock)'라고 하는데, 천보와 엘앤에프는 2023년 2분기에 엄청난 수준의 어닝 쇼크를 기록했다. 천보는 2023년 2분기 매출액이 전년 동기보다 28% 줄어든 473억 원, 영업이익은 무려 91% 줄어든 10억 원을 기록했다고 발표했다. 시장이 기대한 영업이익 23억 원의 반에도 미치지 못했다. 엘앤에프 역시 2023년 2분기 연결 기준 매출 1조 3,682억 원, 영업이익 30억 원을 기록하며 지난해 같은 기간 대비 매출은 58.6% 증가했지만 영업이익은 95.1%나 감소했다. 매출액은 시장 전망치가 1조 5,633억 원이었는데 여기에 미치지 못했고, 특히 영업이익 전망치는 647억 원이었는데 그 20분의 1도 안 됐다. '쇼크'라는 표현으로는 부족할 정도다. 만약 상식이 있다면, 이런 종목을 추천한 애널리스트들은 깊이 반성해야 하지 않을까?

그에 반해 에코프로비엠은 비교적 탄탄한 실적을 발표했다. 애널리스트들이 저평가되어 있다면서 추천한 엘앤에프가 2분기에

〈도표 4-7〉 에코프로비엠(일봉, 2022~2023)

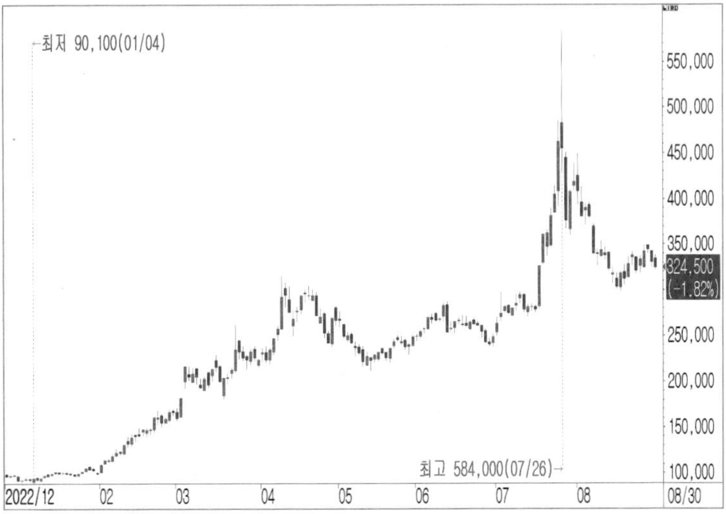

고작 30억 원의 영업이익을 기록할 동안 다들 고평가되어 있다고 한 에코프로비엠은 1,147억 원으로 엘앤에프보다 38배나 더 많은 영업이익을 달성했다. 이러니 그들의 리포트 의견과는 정반대로 천보와 엘앤에프는 급락하고 에코프로비엠은 상승세를 탈 수밖에 없었던 것이다.

각사 차트를 보면 2분기 실적이 괜찮았던 에코프로비엠은 상승 추세를 이어간 반면, 실적이 급락한 천보와 엘앤에프는 4월 고점 이후 크게 하락했음을 알 수 있다.

이처럼 실적 추정은 밸류에이션의 근본으로 가장 중요하다. 그런데 지금 여의도의 실적 추정 실력은 형편없어서 엄청난 오차가 발생하기 때문에 애널리스트 리포트의 실적 추정이나 네이버페이 증권에 올라와 있는 증권사 컨센서스를 활용해선 안 된다. 애널리스트나 네이버의 실적 추정이 이처럼 파멸적으로 틀리더라도 이를 믿고 투자한 데 따른 손해는 누구도 보상해주지 않는다. 실적을 잘못 추정해서 투자자들이 손실을 보게 했다고 사과하거나 반성하는 애널리스트도 없다. 투자자 스스로가 오로지 자신의 책임하에 실적 추정을 해야만 하는 이유가 바로 여기에 있다.

〈도표 4-8〉천보(일봉, 2023)

〈도표 4-9〉엘앤에프(일봉, 2022~2023)

에코프로비엠이 10년 치 이익을 선반영했다?

2022년 12월경 여의도 자산운용사들은 단체로 '반도체 롱-이차전지 숏' 포지션을 취하고 있었다. 어떤 이유에선지는 모르겠으나 마치 짠 듯이 집단적으로 움직여서 삼성전자와 SK하이닉스, 반도체 소부장(소재·부품·장비)을 주로 샀다. 그리고 이차전지, 그중에서도 에코프로비엠을 집중적으로 공매도했다. 그러면서 자신들이 장악하고 있는 이른바 '증권 진문가'를 통해 에코프로비엠이 고평가되어 있다는 가짜 뉴스를 퍼뜨렸는데, 그런 워딩 중에 대표적인 것이 '에코프로비엠의 현재 주가는 10년 치 이익을 땡겨 왔다'는 것이었다.

에코프로비엠의 2022년 당기순이익은 2,727억 원, 2022년 연말 주가는 9만 2,100원, 시가총액은 9조 원이었다.

2022년 PER을 계산해보면 다음과 같다.

- **에코프로비엠의 PER = 9조 원/2,727억 원 = 33배**

4~5년간 매년 50~100% 성장이 예상되는 기업의 PER이 33배면 말할 수 없이 싼 것이다. 2023년이면 15배, 2024년이면 10배 미만으로 PER이 하락하는데, 이를 두고 '10년 치 이익(성장)을 땡겨 왔

주요 재무정보	최근 연간 실적				최근 분기 실적					
	2020.12 (IFRS 연결)	2021.12 (IFRS 연결)	2022.12 (IFRS 연결)	2023.12(E) (IFRS 연결)	2022.06 (IFRS 연결)	2022.09 (IFRS 연결)	2022.12 (IFRS 연결)	2023.03 (IFRS 연결)	2023.06 (IFRS 연결)	2023.09(E) (IFRS 연결)
매출액 (억 원)	8,547	14,856	53,576	84,264	11,871	15,632	19,448	20,110	19,062	21,038
영업이익 (억 원)	548	1,150	3,807	4,932	1,029	1,415	953	1,073	1,147	1,191
당기순이익 (억 원)	467	978	2,727	3,698	778	1,096	548	804	825	956
영업이익률 (%)	6.41	7.74	7.11	5.85	8.67	9.05	4.90	5.34	6.02	5.66
순이익률 (%)	5.46	6.58	5.09	4.39	6.55	7.01	2.82	4.00	4.33	4.54
ROE (%)		20.26	24.26	20.86	18.50	24.45	24.26	28.19	19.46	

자료: 네이버페이 증권

다'는 것은 터무니없는 소리다.

이렇듯 극심하게 저평가됐던 에코프로비엠은 2023년 들어 주가가 제자리를 찾아가기 시작했고, 마침내 3배 이상으로 치솟는 기염을 토하게 된 것이다.

'10년 치를 땡겨 왔다'는 표현이 적합해 보이는 주식은 따로 있다. 여의도 이차전지 애널리스트들이 2022년 내내 추천해온 SKC(동박), SK아이이테크놀로지(분리막), 대주전자재료(음극재), 천보(전해질) 등이 그렇다. 〈도표 4-11〉부터 〈도표 4-14〉만 봐도 그 점을 확인할 수 있을 것이다.

여의도는 대오각성해야 한다. 투자자들에게 거짓말을 하는 게

일상이 되다 보니 그 거짓을 밝히는 진실을 눈앞에 들이밀어도 부끄러운 줄 모르는 지경에 이르렀다.

〈도표 4-11〉 SKC의 실적

주요 재무정보	최근 연간 실적				최근 분기 실적					
	2020.12 (IFRS 연결)	2021.12 (IFRS 연결)	2022.12 (IFRS 연결)	2023.12(E) (IFRS 연결)	2022.03 (IFRS 연결)	2022.06 (IFRS 연결)	2022.09 (IFRS 연결)	2022.12 (IFRS 연결)	2023.03 (IFRS 연결)	2023.06(E) (IFRS 연결)
매출액 (억 원)	24,659	22,642	31,389	28,494	11,206	10,768	8,350	7,637	6,691	7,265
영업이익 (억 원)	2,020	4,015	2,203	−337	1,330	1,094	361	−243	−217	−80
당기순이익 (억 원)	736	3,423	−246	−1,222	902	1,197	−99	−2,245	−921	−175
EPS (원)	989	5,832	−1,805	−2,884	1,700	2,396	−372	−5,529	−2,127	−346
PER (배)	95.07	29.92	−49.03	−31.07	23.83	17.16	23.61	−49.03	−20.29	−285.21

자료: 네이버페이 증권

〈도표 4-12〉 SK아이이테크놀로지의 실적

주요 재무정보	최근 연간 실적				최근 분기 실적					
	2020.12 (IFRS 연결)	2021.12 (IFRS 연결)	2022.12 (IFRS 연결)	2023.12(E) (IFRS 연결)	2022.06 (IFRS 연결)	2022.09 (IFRS 연결)	2022.12 (IFRS 연결)	2023.03 (IFRS 연결)	2023.06 (IFRS 연결)	2023.09(E) (IFRS 연결)
매출액 (억 원)	4,693	6,038	5,858	7,045	1,389	1,353	1,774	1,430	1,518	1,826
영업이익 (억 원)	1,252	892	−523	247	−124	−220	−103	−37	9	80
당기순이익 (억 원)	882	954	−297	424	−218	−250	95	59	334	86
EPS (원)	1,521	1,393	−416	584	−306	−350	134	83	468	132
PER (배)		120.58	−127.31	148.99	541.19	−77.67	−127.31	−161.95	289.22	661.16

자료: 네이버페이 증권

〈도표 4-13〉 대주전자재료의 실적

주요 재무정보	최근 연간 실적				최근 분기 실적					
	2020.12 (IFRS 연결)	2021.12 (IFRS 연결)	2022.12 (IFRS 연결)	2023.12(E) (IFRS 연결)	2022.03 (IFRS 연결)	2022.06 (IFRS 연결)	2022.09 (IFRS 연결)	2022.12 (IFRS 연결)	2023.03 (IFRS 연결)	2023.06(E) (IFRS 연결)
매출액 (억 원)	1,545	1,987	1,741	1,839	383	586	402	370	375	441
영업이익 (억 원)	90	176	120	118	35	51	36	-2	2	28
당기순이익 (억 원)	53	230	8	14	22	31	32	-78	-12	6
EPS(원)	331	1,478	64	90	145	206	215	-501	-79	49
PER(배)	140.54	72.10	1,100.69	1,023.93	72.93	52.66	66.94	1,100.69	-640.11	1,880.08

자료: 네이버페이 증권

〈도표 4-14〉 천보의 실적

주요 재무정보	최근 연간 실적				최근 분기 실적					
	2020.12 (IFRS 연결)	2021.12 (IFRS 연결)	2022.12 (IFRS 연결)	2023.12(E) (IFRS 연결)	2022.03 (IFRS 연결)	2022.06 (IFRS 연결)	2022.09 (IFRS 연결)	2022.12 (IFRS 연결)	2023.03 ((IFRS 연결)	2023.06(E) (IFRS 연결)
매출액 (억 원)	1,555	2,716	3,289	2,578	943	658	846	842	470	492
영업이익 (억 원)	301	506	565	227	180	120	153	111	16	23
당기순이익 (억 원)	274	480	428	42	135	144	190	-41	42	10
EPS(원)	2,734	4,377	3,736	843	1,223	1,289	1,686	-462	423	252
PER(배)	66.70	79.64	58.43	166.60	72.56	40.48	31.48	58.43	85.13	668.91

자료: 네이버페이 증권

2022년 연말 주가를 기준으로 각사의 2022년과 2023년 PER을 정리한 것이 〈도표 4-15〉다. 에코프로비엠의 2022년 PER이 33배

〈도표 4-15〉 2022년 연말 주가 기준 각사의 2022년과 2023년 PER

종목명	에코프로비엠		SKC		SK아이이테크놀로지		대주전자재료		천보	
PER	2022	2023	2022	2023	2022	2023	2022	2023	2022	2023
	33	15	적자	적자	적자	89	1,100	633	58	595

※ 에코프로비엠의 실적은 본인이 추정했으며, 나머지 기업의 실적은 네이버 컨센서스를 활용했다.

인 반면 그들이 집중적으로 추천한 천보는 584배, 대주전자재료는 1,100배에 이른다. 심지어 SKC와 SK아이이테크놀로지는 적자여서 PER 계산 자체가 안 된다. PER 33배 기업은 비싸고 PER 58배, 1,000배, 심지어 적자 기업은 싸다니 이것은 도대체 어느 나라 산수인가? 정말 경악을 금할 수 없다.

에코프로비엠이 '10년 치를 땡겨 왔다'고 얘기하면서 추천하지 않고 나머지 네 종목을 추천한 증권사들이 얼마나 큰 거짓말을 했는지가 이렇게 확연히 드러난다. 그러면서 오히려 '배터리 아저씨가 고평가된 주식을 추천해서 시장 질서를 왜곡하고 거품을 키운다'라는 흑색선전을 일삼고 있으니, 난 가끔 그들 귀에 대고 이렇게 속삭여보고 싶다는 생각을 한다. "하늘이 두렵지 않소?"

보수적 추정을 해선 안 되는 이유: 앵커링 효과

밸류에이션을 위한 실적 추정을 할 때 명심해야 할 것이 보수적 추정을 해선 안 된다는 것이다. 특히 크게 저평가되어 있는 주식의 실적을 추정할 때는 보수적 가정을 적용하는 경향이 있는데, 이는 반드시 피해야 한다.

미래를 예상하는 데는 항상 불확실성이 따른다. 그런 불확실성에 따른 위험을 줄이는 방법으로 두 가지를 생각할 수 있다. 첫째는 보수적 추정을 통해 위험을 줄이는 방법이고, 둘째는 객관적으로 추정하되 충분한 안전마진을 확보하는 방법이다. 이 중 첫째 방법을 택해서는 안 되고, 둘째 방법을 따라야 한다. 그 이유는 바로 앵커링 효과(anchoring effect) 때문이다. 알다시피 앵커링 효과는 특정 숫자 등이 기준점으로 작용해 이후 판단에 영향을 미치는 현상을 일컫는다. 닻을 내리면 배가 닻에 연결된 밧줄 범위를 넘어서지 못하듯이, 위험을 줄이기 위해 보수적으로 추정하면 이후 계속 그 숫자의 영향을 받을 수밖에 없다.

나는 2022년 6월 에코프로와 에코프로비엠의 3년 뒤 적정 주가를 산출할 때 보수적 가정을 배제하고 최대한 객관적으로 평가하고자 애썼다. 그래서 나온 것이 '에코프로 30배, 에코프로비엠 10배 간다'는 결론이었다. 30배나 10배는 충분한 안전마진이 보장된 것이므로 당연히 적극 투자할 대상이었고, 실제로 주가가 7만 5,000원일 때 에코프로를 매수했다. 앞서 얘기한 '객관적 추정+충분한 안전마진'이라는 방법으로 접근한 것이다. 그랬기에 7만 5,000원이던 에코프로가 1년도 되지 않은 2023년 4월에 10배가 넘는 80만 원에 육박했을 때도 팔지 않을 수 있었고, 이후 7월 150만 원으로 20배가 될 때까지 여전히 보유할 수 있었다.

만일 안정적인 투자를 하겠다는 생각에 각종 수치를 보수적으로 추정한 결과, 에코프로의 적정 주가를 당시 주가의 5배인 37만 5,000원으로 계산했다고 하자. 그러면 아마도 2023년 3월 40만 원 근처에 도달했을 때 팔았을 것이다. 애초에 '보수적 추정'을 했다는 사실을 잊어버리고 37만 5,000원에 내려진 닻을 기준으로 삼았을 것이기 때문이다. 이런 앵커링 효과 때문에 최대한 객관적으로 실적을 추정하고 밸류에이션을 해야 한다는 것이다. 수치가 믿기지 않을 만큼 저평가된 것으로 나온다고 하더라도, 이를 충분한 안전마진을 확보한 것으로 생각하고 투자해야 한다. 그래야 10루타 종목을 잘 발굴해놓고도 너무 일찍 팔아버려 땅을 치고 후회하는 일이 생기지 않는다.

애널리스트 리포트에서 목표 주가는 반드시 무시해야 하는 이유도 앵커링 효과 때문이다. 애널리스트는 직업 특성상 '보수적이고 진실되게' 보이기 위해 보수적 가정을 적극 활용하여 차이를 줄

이려는 경향이 있다. 따라서 현재 주가와 실적 추정을 통해서 나온 적정 주가 간 괴리가 큰 경우는 거의 없다. 애널리스트 입장에선 매수 의견과 목표 주가를 제시한 후 빠르게 목표 주가에 도달하면 그때 목표 주가를 다시 올리는 편이, 처음부터 높은 목표 주가를 제시하는 것보다 훨씬 안전하다.

하지만 투자자는 애널리스트와 입장이 다르다. 만약 리포트에 제시된 목표 주가를 염두에 둔다면 이것이 닻이 되어 너무 일찍 팔게 될 것이다. 애널리스트가 '보수적' 가정을 했고, 단계적으로 목표 주가를 올릴 생각이라는 건 모르는 채 말이다.

투자에서 성공하기 위해서는 반드시 소수의 10루타 종목이 필요하고, 10루타 종목을 발굴한 후 그 10배의 상승을 누리기 위해서는 기다림이라는 숙제를 해야 한다. 그 기간에 섣부른 판단을 하지 않도록 처음부터 '객관적 추정+충분한 안전마진 확보'라는 접근법을 꼭 지켜야 한다.

5장

사야 할 주식,
팔아야 할 주식

투자에서 실패는 불가피하다.
중요한 것은 실패에서 배워 그 경험을 자산으로 삼는 것이다.

———

조지 소로스

버블과 붕괴를 반복하며
대세 상승을 보여준 아마존

시장의 버블을 조심하라

투자자는 늘 '블링블링'한 것을 조심해야 한다. 내실은 없지만 화려하고 반짝거리는 온갖 것은 사람의 마음을 매혹하여 그 열기와 광풍에 이성을 잃게 한다. 영원할 것만 같던 파티가 갑자기 끝이 나면, 분위기에 도취되어 끝까지 남아 있던 사람들은 일거에 파멸적인 결과를 맞게 된다.

버블이란 그런 것이다. 피터 린치는 칵테일파티에 참석한 모든 사람이 주식 이야기를 하고, 심지어 비전문가인 그들이 펀드매니저인 자신에게 종목을 추천하는 시점이 바로 시장의 고점이고 파국의 시작점이라고 말했다. 실제로, 내가 지난 30년간 경험한 모든 버블이 바로 그랬다.

시간을 거슬러 짚어보자면, 2021년 코로나 버블 당시의 네이버와 카카오, 2007년 미래에셋 버블 당시의 OCI와 조선·해운주, 2000년 닷컴버블 시기의 새롬기술과 다음, 1980년대 말의 트로이카 버블(금융, 건설, 무역주)까지, 주인공만 바뀌었을 뿐 버블의 진행 과정과 투자자들의 반응, 붕괴의 메커니즘은 비슷한 패턴을 반복했다.

미국의 대문호 마크 트웨인(Mark Twain)은 이런 명언을 남겼다.

—— 역사는 되풀이되지 않지만, 라임은 있다.

버블이 생성되고 성장하다가 끝내 붕괴로 막을 내리는 역사도 이와 같다. 똑같지는 않지만 그 본질적인 요소, 즉 집단적 도취와 환각, 갑작스러운 현실 자각이라는 패턴은 늘 되풀이된다. 그러므로 현명한 투자자가 되고 싶다면 무엇보다 블링블링한 것을 조심해야 한다.

한때 95% 하락했던 아마존이 2,000배 오른 사연

지난 수 세기 동안 경이로운 주가 상승률을 기록한 종목 중 하나로 전 세계 인터넷 쇼핑 1등 업체 아마존을 들 수 있다.

아마존 주식회사는 1997년 5월 15일 주당 18달러의 가격으로 나스닥에 기업공개를 했다. 만약 당신이 기업공개 당일 100달러로 5주를 샀다면, 현재 그 가치는 무려 2,000배가 넘게 증가하여 20만 9,000달러가 됐을 것이다. 불과 27년 만에 1,000만 원으로 200억 원을 만드는 동화 같은 일이 당신에게도 일어날 수 있었다

〈도표 5-1〉 아마존(월봉, 1997~2023)

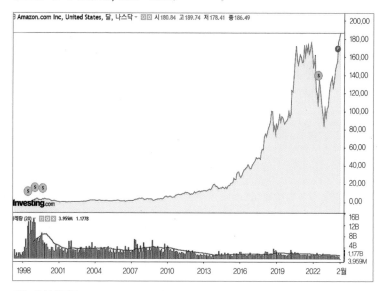

자료: 인베스팅닷컴

는 얘기다.

　그러나 이 동화 같은 스토리에는 엄청난 반전이 숨어 있으니, 아마존의 주가가 한때는 95%나 하락한 적이 있었다는 것이다. 〈도표 5-2〉의 타원으로 표시한 구간을 통해 알 수 있듯이, 상장 당일인 1997년 5월 15일 종가에 1,000달러를 투자했다면 2000년 초에는 5만 달러가 되어 3년이 채 안 되는 기간에 자산이 무려 50배로 증가한다. 하지만 이후 2년여 만에 주가가 95% 하락하면서 그 5만 달러는 2,500달러가 된다. 불과 5년 사이에 내가 투자한 1,000만 원이 한때 5억 원이 됐다가 다시 2,500만 원으로 줄어들었다고 상상해보라. 아마 밤잠을 제대로 자기 어려울 것이다.

　2000년 초부터 2001년 10월까지 아마존 주가의 95%가 증발한 사건은 '닷컴버블 붕괴'가 얼마나 파멸적이었는지를 단적으로 보여준다. 이후 슬금슬금 상승을 이어가던 아마존 주가는 2008년 글로벌 금융위기 때 다시 64%의 폭락을 재현한다. 만약 상장 당일 아마존 주식을 매수하여 50배 상승 후 닷컴버블 시기 95% 하락했을 때도 팔지 않고 계속 보유한 사람이 있다면, 이때는 정말 버티기 어려웠을 것이다. 그러나 이 2008년의 폭락이 아마존 장기 보유자에겐 마지막 고비였고, 이후에는 가파른 본격 상승이 이어졌다. 현 수정주가를 기준으로 할 때, 2008년 11월 1.73달러를 저점으로 2021년 11월 188달러까지 13년간 아마존 주가는 무려 109

〈도표 5-2〉상장 당일 종가 기준으로 아마존에 1,000달러를 투자했다면

(단위: 만 달러)

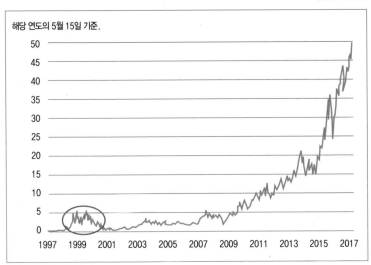

자료: 〈비즈니스인사이더〉

〈도표 5-3〉아마존(월봉, 2007~2023)

자료: 인베스팅닷컴

배라는 엄청난 상승을 기록했다.

정말 놀라운 스토리다. 그저 1,000만 원을 투자해놓고 25년간 까맣게 잊고 있었을 뿐인데 200억 원이 되어 돌아오다니, 부자 되기가 이렇게 쉬운 일이란 말인가?

혹자는 이런 상상을 해볼지도 모르겠다. 만일 약간의 테크닉을 발휘하여 2000년 초 닷컴버블 고점에서 한 번 팔고, 95%가 하락한 닷컴버블의 붕괴 최저점에 다시 샀다면? 물론 그렇게 해서 주식 수를 20배로 늘렸다면, 초기 투자금 1,000만 원은 200억 원이 아니라 그 20배인 4,000억 원으로 불어나 있을 것이다. 하지만 꿈만 같은 얘기다. 상장 당일 그 주식이 향후 25년간 2,000배나 올라가리라고 누가 상상이나 했겠는가. 게다가 고점을 정확히 맞히고 저점도 정확히 맞히면서 버블과 붕괴를 오가는 구간에서 모든 수익을 취할 수 있는 사람이 어디 있겠는가.

다만, 지난 25년간 한때 95%나 하락했으면서도 결국엔 2,000배가 오른 아마존의 사례를 찬찬히 들여다봄으로써 무엇이 버블이고 무엇이 혁명인지에 대한 안목을 기를 수는 있다고 생각한다. 마크 트웨인의 말처럼 역사는 반복되지 않지만 라임은 있으니, 앞으로 시장에서 만나게 될 주가 급등이 버블로 인한 반짝 상승인지 혁명으로 인한 레벨업인지 식별할 줄 안다면 큰 도움이 될 것이다.

닷컴버블과 모바일혁명,
무엇이 달랐나?

아마존의 역사적 주가 변동은 버블과 혁명의 바로미터를 제시한다. 뉴 밀레니엄 시기 아마존 주가의 상승은 버블로 인한 것이어서 이후 폭락을 피할 수 없었고, 2008년 이후의 상승은 혁명으로 인한 것이어서 주가가 다른 차원으로 올라섰다고 할 수 있다.

주가 움직임에 영향을 주는 핵심 요인

주가는 주당순이익에 대한 기대치로 결정된다. 즉, 미래 기업이 벌어들일 이익의 기대치에 시장 참가자들이 합의한 PER 배수로 주가가 결정된다는 의미다. 이를 수식으로 표현하면 다음과 같다.

- $P(주가) = E(EPS_n) \times 시장\ PER$
  - $E(EPS_n)$: n년 차의 EPS 예상치

이에 따르면 버블이 형성된 주가란 시장 참가자들이 미래의 EPS에 과도한 기대를 갖고 있는 경우라고 할 수 있고, 합당한 주가란 미래의 EPS에 대한 시장 참가자들의 기대가 성장을 적정히 반영한 경우라고 할 수 있다.

그렇다면 미래의 EPS에 대한 시장 참가자들의 기대가 과도해지는 이유는 뭘까? 바로 그 주식이 블링블링하기 때문이다. 너무너무 멋지고, 새로운 세상을 열 것 같고, 고도의 하이 테크 기술이 적용됐고 등등. 잘은 모르겠지만 복잡한 공학적 설명이 뒤따르고 어려운 기술 용어가 사용되면서 마치 공상과학 소설이나 영화처럼 사람들을 흥분시키는 주식들이다.

이러한 주식의 역사는 정말 오래됐다. 20세기 초반에 자동차 산업이 그러했고, 1980년대에는 전자산업이 바통을 이어받았으며, 뉴 밀레니엄 시기에 이르자 닷컴 기업이 절정을 기록했다. 최근의 예로는 '제4차 산업혁명'과 관련된 자율주행, 메타버스(Metaverse), NFT, AI(Artificial Intelligence, 인공지능) 산업을 들 수 있다.

뉴 밀레니엄을 전후로 인터넷이 보급되면서 인류의 삶이 획기적으로 바뀌었다. 각기 떨어져 있던 퍼스널 컴퓨터가 인터넷을 통해 연결되면서 세계 곳곳의?? 서로 교환되기 시작했고, 인류의 삶은 오프라인에서 온라인으로 무게중심이 빠르게 이동했다.

이에 발맞춰 인터넷을 기반으로 사업을 영위하는 기업들이 우후죽순으로 생겨났다. 인터넷 브라우저 서비스를 제공하는 넷스케이프(Netscape), 인터넷 접속 서비스를 제공하는 AOL, 인터넷에 접속할 때 첫 관문을 제공하는 인터넷 포털 서비스 기업인 라이코스(Lycos)와 야후(Yahoo), 인터넷을 통해 세상의 온갖 물건을 판매하는 아마존, 인터넷 관련 장비를 제조하는 업체 델(Dell)과 시스코(Cisco) 같은 기업들이 속속 등장해서 투자자들의 환호 속에 엄청난 주가 상승을 기록했다. 하지만 2000년 이후 일부는 사라졌고, 남은 일부 또한 90% 수준의 주가 폭락을 겪었다.

이런 현상은 대한민국에서도 마찬가지여서 인터넷을 통한 무료 국제전화 서비스를 제공하는 새롬기술(2004년 '솔본'으로 사명 변경), 당시 국내 최대 포털 사이트였던 다음(2014년 카카오에 흡수 합병됨), 인터넷 접속 서비스 업체이며 'KOREA'라는 티커 심볼(Ticker Symbol)로 국내 기업 최초로 나스닥에 상장한 두루넷(2003년에 상장폐지, 이후 하나로텔레콤에 인수됨), 광고를 보면 돈을 준다는 기발한 마케팅으로 한때 프로농구단을 인수하기까지 했던 골드뱅크(2009년 상장폐지됨) 등 수많은 인터넷 관련 기업이 주로 코스닥에 입성했다. 이들은 어마어마한 주가 상승을 기록했지만 이내 폭락하여 유명무

실해지거나 아예 사라지고 말았다.

나는 대한투자신탁(현재 하나증권)에서 애널리스트 생활을 시작했는데, 닷컴버블이 한창이던 1999년의 일이다. 당시 내가 맡은 업종이 통신 장비, 인터넷 소프트웨어, 게임, 엔터테인먼트, 반도체 장비 등 닷컴버블과 직접적으로 관련된 기업들이었다. 부끄럽게도, 당시 나 또한 그 블링블링함에 정신을 뺏겨 닷컴 주식의 상승이 거대한 버블 현상이라는 점을 전혀 알아차리지 못했다. 1999년에 내가 추천했던 주식들의 상당수가 2000년 버블 붕괴 이후 90% 이상 폭락했는데, 경험이 일천해 이를 경고하지 못한 일은 참으로 부끄러운 기억으로 남아 있다.

2007년 1월 9일, 애플의 스티브 잡스(Steve Jobs)가 아이폰을 세상에 선보였다. 이후 10여 년간 세계 경제와 글로벌 증시를 주도할 모바일혁명의 시작을 알리는 역사적 순간이었다. 다음 해인 2008년, 미국의 대형 투자은행 리먼 브러더스(Lehman Brothers)가 파산하면서 글로벌 금융위기가 촉발됐다. 세계 증시가 일대 혼란에 빠졌고, 2007년에 꿈의 2000포인트 시대를 열었던 대한민국 증시는 불과 1년 만에 900포인트 아래로 주저앉았다.

2009년 세계 경제는 글로벌 금융위기의 여파로 마이너스 성장을 면할 수 없었지만, 세계 증시는 근심의 벽을 타고 강한 상승세를 지속했다. 이 무렵부터 2024년 현재까지 10여 년간 글로벌 증시 상승의 선두에 선 주인공들이 바로 스마트폰을 플랫폼으로 각종 사업을 영위하는 기업들이다. 아이폰을 만든 애플, 모바일 쇼핑의 선두 주자 아마존, 스마트폰 환경에서도 여전히 검색광고 시장의 강자이며 유튜브라는 모바일 동영상 서비스 시장을 연 구글, 스마트폰 환경에서 영화·드라마·다큐 등의 스트리밍 서비스를 제공하는 넷플릭스, 그리고 소셜 네트워크 서비스(SNS)를 제공하는 페이스북[현 메타(Meta)]과 인스타그램 등이다. 이때 등장한 신조어가 바로 'FAANG'인데, 앞서 언급했듯이 페이스북·애플·아마존·넷플릭스·구글을 가리킨다.

2009년 이후 10여 년간 대한민국 증시는 박스피라는 오명처럼 2000포인트 근처를 크게 벗어나지 못하는 답답한 흐름을 보였는데, 모바일혁명과 관련된 주식들은 크게 상승하며 시장을 주도했다. 스마트폰 환경에서도 여전히 국내 검색시장 강자인 네이버, 카카오톡이라는 슈퍼 앱을 만들어낸 카카오, 모바일혁명이 새로운 수요처가 되면서 수혜를 본 삼성전자와 SK하이닉스가 바로 그들이다.

그러나 나는 이런 모바일혁명을 철저히 외면했다. 닷컴버블 당시의 부끄러운 기억이 너무나 강렬해서 모바일혁명과 관련된 주식들이 크게 오르는 현상을 뉴 밀레니엄 당시의 버블과 동일한 것으로 너무 쉽게 결론내리고 말았다. 닷컴을 버블이라고 꿰뚫어 보지 못한 부끄러움이 결국 모바일혁명을 버블로 오판하는 더 큰 우를 불러온 셈이다.

돌이켜보면 닷컴은 버블이었고, 모바일은 구조적 성장을 동반한 혁명이었다. 그럼 이 둘은 어디에서 차이가 있을까? 크게 세 가지를 생각해볼 수 있다.

- 기업이익으로 연결됐는가?
- 소비자가 지갑을 열게 했는가?
- 넓고 깊은 해자를 가졌는가?

기업이익으로 연결됐는가?

닷컴버블 당시의 기업들은 많은 수의 가입자를 확보하는 데까지는 성공했지만, 이것이 기업이익으로 연결되지는 못했다. 반면 모바일혁명 당시의 기업들은 기업이익의 폭발적인 성장을 만들어냈고, 이것이 결정적인 차이였다.

앞서 소개한 주가 결정 공식, 즉 'P = E(EPS$_n$)×시장 PER'을 바탕으로 이야기하자면 닷컴 기업들이 많은 가입자를 유치하자 미래 EPS가 증가하리라는 기대가 커졌다. 이에 1999년까지 주가가 큰 폭으로 상승했지만, 시간이 지나도 기업이익의 증가가 따라오지 못했다. 결국 이 사실을 시장 참가자들이 인식하게 됨으로써 버블의 붕괴로 이어졌다. 이에 반해 모바일혁명은 미래 기업이익 증가에 대한 기대가 커지면서 초기에 주가가 상승한 이후, 그 기대치를 실제 기업이익이 충족시켰기 때문에 장기간 추세적인 상승을 지속했다. 피터 린치는 "이익이 주가를 밀어 올리는 힘"이라고 말했는데, 이를 현실에서 보여준 것이다.

〈도표 5-4〉는 1871년부터 2022년 1월 2일까지의 데이터를 기반으로 주가와 기업이익 간의 관계를 나타낸 것이다. X축은 S&P500의 EPS이고 Y축은 S&P500지수인데, 이 선형 회귀분석에서 R^2(결정계수, 회귀분석의 설명력을 나타내는 지표)의 값은 0.9686으로 1에 아주 가깝다. 즉, 주가의 변동은 기업이익의 변동과 96.86%의 상관관계를 가진다는 뜻이다. 닷컴은 버블이었으나 모바일은 구조적 성장을 동반한 혁명이라고 단언할 수 있는 가장 중요한 이유가 바로 이것이다. 즉, 버블과 혁명을 가름하는 첫 번째 조건은 당장의 주가 상승이 이후 기업이익의 성장으로 정당화될 수 있느냐다.

〈도표 5-4〉 주가와 기업이익 간의 관계(1871~2021)

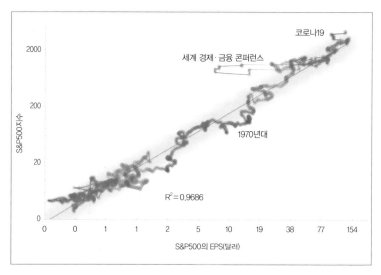

자료: 피델리티자산운용

소비자가 지갑을 열게 했는가?

그렇다면 왜 닷컴은 기업이익으로 연결되지 못한 반면, 모바일은 기업이익의 증가로 연결됐을까? 이는 소비자가 지갑을 열게 했느냐 아니냐에서 갈렸다.

한국 증시에서의 밸류에이션 변천사를 다룰 때 잠깐 언급했듯이, 닷컴버블이 한창일 때 애널리스트들이 사용한 밸류에이션 툴로 '가입자당 가치'라는 게 있었다. 이 툴이 등장하게 된 배경은 이렇다. 1년 만에 수십 배, 수백 배 오른 새롬기술, 다음 등 대표적 인터넷 기업들은 당시 적자를 기록 중이었고 매출액 또한 크지 않았다. 많은 사람이 새롬기술의 무료 국제전화 다이얼패드 서비스에 가입했고, 다음이 제공하는 무료 이메일 서비스인 한메일닷컴(hanmail.com)에 가입했지만 이를 기업이익으로 연결할 비즈니스 모델은 부재했다. 그럼에도 주가는 급등을 지속했는데 전통적 밸류에이션 툴인 PER 등을 사용해서는 기업가치를 산출할 수 없었고, 그래서 나온 것이 '가입자당 가치'라는 신종 밸류에이션 툴이다. 지금 당장은 이 인터넷 기업들이 매출과 이익을 못 내고 있지만, 이들 서비스의 가입자가 미래 매출과 이익의 기반이 된다고 가정한 것이었다. 예컨대 다이얼패드나 한메일 서비스 가입자 1명당 100만 원의 가치를 부여하여, 가입자가 총 100만 명이니 이 기업은 '100만 원×100만 = 1조 원'의 가치가 있다는 식의 밸류에이션 방법이었다.

하지만 몇 년이 지나도 무료 가입자 수가 매출과 이익으로 연결되지 않았다. 그들이 돈을 내게 할 방법을 찾지 못했기 때문이다. 이 사실이 닷컴버블의 열광 속에서는 아무런 문제도 되지 않았지만 어느 날 갑자기 사람들이 의심을 품기 시작하자 걷잡을 수 없이 부각됐고, 그 높았던 닷컴 기업의 주가는 마치 모래성이 무너지듯 거짓말처럼 붕괴했다.

무료 서비스를 유료로 전환하여 그동안 공짜로 써오던 사람들에게 돈을 받는 것은 상상 이상으로 힘든 일이다. 2000년 닷컴버블 붕괴 이후 투자자들은 무료 이메일 서비스인 한메일을 운영하는 다음의 경영진에게 비즈니스 모델의 수립을 요구했다. 투자자들의 성화에 못 이긴 다음 경영진은 2002년 '온라인 우표제'라는 한메일 부분 유료화 정책을 발표했다. 한메일 사용자에게 수천 통의 이메일을 발송하는 사업자들에게 1통당 10원의 요금을 부과하는 정책이었다.

　결과는 파멸적이었다. 사업자들은 갑작스러운 유료화에 크게 반발했고, 한메일 사용자들에겐 이메일을 발송하지 않는 방식으로 대응하면서 서비스 가입자들에게 한메일 탈퇴를 요구했다. 이를 계기로 한메일 사용자들이 네이버 메일 등으로 갈아타기 시작했다. 때마침 네이버가 새롭게 내놓은 '지식인', '블로그' 서비스의 인기와 맞물려 국내 최대 포털 사이트가 다음에서 네이버로 바뀌고 말았다.

　정말 중요한 문제는 때때로 사소한 것에서 발생하곤 하는데, 닷컴버블 시대의 인터넷 기업들이 바로 그런 상황에 처했다. 공짜로 누리던 걸 돈 내고 쓰라고 하면 좋아할 사람이 어디 있겠는가. 어찌 보면 아주 사소한 이 문제가 뉴 밀레니엄 시대 닷컴 기업들의 질주를 끝장낸 결정적 요인이 되고 말았다. 당시 반농담식으로 이런 얘기를 하곤 했다. "인터넷은 다 공짜다. 게임과 포르노만 빼고." 그런데 지나고 보니 이 우스갯소리가 닷컴버블의 핵심을 짚어 낸 말이었다. 당시 내가 담당하던 기업의 주가는 한결같이 폭락을 면치 못했는데, 단 한 종목이 10배 가까운 상승을 기록했다. '리니 지'라는 MMORPG(대규모 다중 접속 온라인 역할 게임)를 처음부터 돈 을 받고 서비스한 인터넷 게임 기업 엔씨소프트였다.

아이폰의 등장과 함께한 모바일혁명은 바로 이 지점에서 달랐 다. 스마트폰 생태계를 활용하는 각종 앱 시장에 참여한 기업들은 사업 시작부터 서비스 이용자에게 직접 요금을 부과하거나 광고 또는 전자상거래 등 간접적인 형태의 과금 방식을 채택했고, 비즈 니스 모델상의 이런 강점이 모바일을 혁명으로 이끌었다.

닷컴과 모바일의 운명을 가른 것은 PC와 휴대전화라는, 두 기기 의 특성이라고 할 수 있다. 닷컴 시대의 PC는 전원을 켜고 부팅을 해서 실제 사용 가능한 상태가 되기까지 최장 몇 분이 걸리고, 꼭 책상 앞에 앉아야 하며, 가족이 공용으로 사용하는 등 약간의 불편 함이 있다. 반면 휴대전화는 언제나 켜져 있고, 침대나 화장실, 심 지어 이동 중에도 쉽게 접근할 수 있으며, 개인이 단독으로 사용하 는 등 PC 기반 인터넷과 비교할 때 장점이 많다. 그런데 이 소소한 차별성이 버블과 혁명의 차이를 만들어냈다. 상장 이후 2,000배가 오른 아마존의 사례가 이를 단적으로 보여준다. 인터넷을 통해 물 건을 사는 행위, 즉 전자상거래라는 새로운 형태의 거래 방법을 도입한 뉴 밀레니엄 시대의 인터넷 혁명은 기술적 측면뿐만 아니라 인류사적 측면에서도 주목할 만한 진보라는 데 모두 동의할 것이다. 그런데 이 역시 비즈니스 측면에서는 다소 불편한 PC 환경이 아니라 조금 더 편리한 모바일 환경에서 전자상거래를 할 수 있게 된 '모바일 전자상거래'라는 소소한 기술적 진보가 훨씬 더 큰 파급력을 가져왔다.

전자상거래는 닷컴 시절에도 이뤄졌다. 그러나 PC를 통한 전자상거래는 조금 불편했기 때문에 2000년대에는 월마트나 이마트 같은 오프라인 할인매장이 크게 성장했다. 그러다가 2010년대 들어 스마트폰의 등장으로 전자상거래가 조금 더 편리해지자 성장의 중심축이 월마트와 이마트에서 아마존과 쿠팡으로 옮겨 갔다. 투자자의 관점에서 중요한 것은 그 기술과 서비스가 얼마나 혁신적이냐가 아니라 과연 소비자가 지갑을 열게 할 수 있느냐다. 즉 투자자에게 중요한 것은 얼마나 블링블링하냐가 아니라 그게 돈이 되느냐라는 사실을 잊어선 안 된다.

넓고 깊은 해자를 가졌는가?

닷컴버블과 모바일혁명의 세 번째 차이는 경제적 해자의 존재 여

부다. 앞서 언급했듯이, 버핏은 담배꽁초 전략을 버린 이후 위대한 기업을 찾는 데 주력했고 위대한 기업의 첫 번째 조건으로 '넓고 깊은 해자'를 꼽았다. 넓고 깊은 해자는 가격 전가력을 확보하고 높은 ROE를 장기간 유지하는 데 핵심 요인이다.

넓고 깊은 해자는 어떻게 만들어질까? 팻 도시(Pat Dorsey)는 《경제적 해자》에서 총 네 가지 요소를 들었다. 첫째 무형자산, 둘째 전환비용, 셋째 네트워크 효과, 넷째 원가 우위다.

닷컴버블 초창기에 인기를 끈 웹 브라우저, 포털 및 검색 서비스는 현재 세계적 표준이라고 할 수 있는 인터넷 익스플로러(Internet Explorer)나 구글이 아니었다. 지금은 사라지고 없는 넷스케이프가 인터넷 초기 시절의 웹 브라우저였고, 라이코스와 야후가 표준 포털 및 검색 서비스였다. 대한민국의 상황도 다르지 않아서 원래 선두였던 다음이 그 자리를 네이버에 넘겨줬고, 새롬기술의 무료 국제전화 서비스 다이얼패드의 자리는 스카이프(Skype)가 차지했다. 인터넷이라는 기술은 누구도 독점할 수 없는 공공재이고, 웹 브라우저나 인터넷 포털 등 한때 크게 주목받았던 기업들의 비즈니스 모델은 쉽게 복제할 수 있는 것들이었기 때문에 많은 후발 기업이 그 시장에 뛰어들었다. 그래서 경제적 해자를 갖추지 못한 기업들은 역사의 뒤안길로 사라지는 운명을 맞았다.

모바일혁명 시대의 선두 주자들이 닷컴버블 때와 달랐던 점이 바로 경제적 해자를 확보하는 데 성공했다는 것이다. 아이폰을 개발한 애플은 '애플 생태계'라는 그들 고유의 폐쇄적 네트워크 전략을 고수했다. 이런 폐쇄적 네트워크는 팻 도시가 꼽은 경제적 해자의 네 가지 요소 중 두 번째인 '전환비용'과 직접적으로 연결되어 있다. 애플 생태계에 한번 발을 들이면 곧 애플 고유의 각종 체계에 익숙해지고, 익숙해진 다음에는 전환비용 때문에 그 생태계를 벗어날 수 없게 된다.

페이스북, 인스타그램, 카카오톡 같은 소셜 네트워크 서비스는 서비스의 특성상 자연스럽게 '네트워크 효과'를 갖추게 된다. 친구들 다수가 페이스북이나 인스타그램에 가입되어 있으니 싫든 좋든 나도 가입해야 하고, 대한민국 국민의 90%가 카카오톡에 가입되어 있으니 나 또한 카카오톡을 깔 수밖에 없다. 인간은 사회적 동물이기 때문에 나타나는 현상이 네트워크 효과라고 할 수 있다.

넷플릭스나 유튜브 같은 동영상 서비스는 네 번째 요소인 '원가우위'의 경제적 해자를 갖추게 한 사례다. 넷플릭스와 유튜브는 글로벌 경쟁자 대비 압도적으로 많은 수의 사용자를 확보하고 있다. 예를 들어 1,000억 원의 제작비를 들여 오리지널 프로그램을 제작한다고 해보자. 1억 명의 가입자를 확보한 스트리밍 사업자라면 가입자당 원가가 1,000원이지만, 10억 명의 가입자를 확보한 사업자라면 가입자당 원가가 100원이 되어 10분의 1 수준으로 내려간다. 원가에서 이런 우위를 점한다는 사실은 더 재밌고 다양한 프로그램을 확보할 경쟁력이 있음을 의미한다. 그 때문에 웨이브, 티빙 등 토종 OTT(Over The Top) 업체들이 국내에서조차 넷플릭스에 밀리는 것이다.

지금까지 닷컴이 버블에 머무른 반면 모바일은 혁명이 된 세 가지 주요 이유를 살펴봤다. 닷컴버블과 모바일혁명 두 차례 모두에서 미래 예상에 실패한 나는 그 실패를 거울삼아 2024년 현재 화두가 되고 있는 'AI주와 이차전지주 중 과연 무엇이 거품이고, 무엇이 혁명인가?'라는 질문에 대해 이상의 세 가지 요소를 통해 답해보고자 한다.

시장의 버블과 혁명을
구분하는 힘

1818년 영국의 소설가 메리 셸리(Mary Shelley)가 고딕 소설(Gothic novel) 《프랑켄슈타인》을 발표했다. 최초의 SF 소설로도 일컬어지는 이 책에는 인류가 자신을 닮은 존재를 창조해내는, 그래서 신의 영역에 도전하고자 하는 인간의 오랜 욕망이 형상화되어 있다. 1931년 제임스 웨일(James Whale) 감독이 같은 제목의 영화로 제작해 크게 성공했으며, 미국 영화연구소 선정 100대 영화에도 당당히 이름을 올렸다.

《프랑켄슈타인》에 등장하는 괴물이 바로 지금 화두가 되고 있는 AI의 원형이라고 할 수 있다. '인간이 인간처럼 생각하고 행동하는 존재를 만들어내면 어떨까?'라는 물음은 《프랑켄슈타인》에서 시작되어 아이작 아시모프(Isaac Asimov)가 SF 소설 《런어라운드(Runaround)》에서 '로봇 3원칙'으로 이어갔고, 이후 다양한 문학 작품과 SF 영화 등을 통해 인류의 상상력을 자극해왔다. 셸리의 소설《프랑켄슈타인》에는 '모던 프로메테우스(The Modern Prometheus)'라는 부제가 붙어 있다. 그리스 신화 속 프로메테우스가 신들의 전유물인 '불'을 인간에게 전달한 존재였던 것처럼 AI는 인간이 신의 영역에 도전하는 것이라는 느낌을 강하게 주는, 그래서 참으로 블링블링한 소재가 아닐 수 없다. AI는 이처럼 태생부터 사람의 마음을 현혹하여 버블을 쉽게 발생시킬 소지가 다분한 아이템이다.

이에 비해 이차전지는 참으로 블링블링하지 못한 아이템이다. 배터리는 하이테크 기술과는 아무런 관련이 없는 물건이다. AI가 탑재된 로봇이 나의 충실한 부하나 친구 또는 연인이 되어 나를 위해 많은 일을 대신 해준다는 상상은 마음을 들뜨게 한다. 반면 내게 말을 걸지도 않고 특별히 움직이지조차 않는 그저 볼품없는 배터리, 거기에 들어가는 까만 가루에 불과한 양극활물질 따위는 따분하고 초라해 보이기만 한다.

그러나 당신은 현명한 투자자여야지 상상력 넘치는 공상가여선 안 된다. 블링블링한 것에 너무 마음을 빼앗기다 보면 과거 인류가 겪었던 수많은 버블 희생자의 대열에 당신도 속하게 될 수 있음을 잊지 말자. 닷컴버블과 모바일혁명을 가른 앞서의 세 가지 조건을

AI와 이차전지에 적용해 과연 무엇이 버블이고 무엇이 혁명인지 식별해보자.

기업이익으로 연결될 것인가?

주가는 결국 기업이익의 함수다. 'AI 산업과 이차전지 산업 중 과연 어느 쪽이 현재 돈을 벌고 있고, 미래에 더 많은 돈을 벌 수 있을까?'라는 관점에서 접근해보면 답은 너무나 명확하다. 이차전지 주요 기업은 현재도 돈을 잘 벌고 있으며 미래에도 더 많은 돈을 벌어들일 거라는 사실이 뚜렷이 보이는 반면, AI 관련 기업은 현재 아주 미약한 수준의 돈을 벌고 있을 뿐이고 미래에도 크게 달라질 것 같지 않다. 결론부터 말하자면, AI는 거품이고 이차전지는 구조적 성장을 동반한 혁명이다.

　AI가 세상 사람들의 이목을 끌게 된 결정적인 계기는 2016년 알파고(AlphaGO)와 이세돌의 반상 대결이었다. 당시까지 컴퓨터 혹은 AI는 체스에선 이미 인간을 넘어선 상태였지만, 경우의 수가 훨씬 더 많은 바둑에서는 인간 최고수를 절대 넘어설 수 없으리라고 다들 굳게 믿고 있었다. 이런 상황에서 구글의 AI 연구 자회사 딥마인드(DeepMind)가 인간 바둑 최고수 이세돌 9단에게 도전장을 던진 것이다. 4국에서 이세돌 기사의 이른바 '신의 한 수'에 밀려 한 판을 내주기는 했으나 최종 4:1 AI 알파고가 이세돌을 꺾었다. 이때부터 '제4차 산업혁명', 'AI 열풍' 등의 단어가 크게 유행하게 됐다.

당시는 '미래에 AI가 완전히 대체할 직업 찾기' 열풍도 불고 있었다. 어린 자녀를 둔 부모들이 특히 큰 관심을 보였는데, AI가 대체하지 못할 직업을 갖도록 자녀의 인생 진로를 이끌어주어야 한다는 걱정 때문이었다. 수많은 IT 기업이 AI를 미래의 핵심 먹거리로 상정해 대규모의 투자를 집행했고, 머잖아 AI가 인류의 삶을 크게 바꿔놓으리라고 얘기했다.

그리고 8년이 지났다. 지난 8년 동안 세계적으로 AI에 대대적인 투자가 이뤄졌음에도 우리 삶에서 유의미하게 달라진 것이 있는 가? 거의 아무것도 없다고 해도 과언이 아니다.

많은 사람이 간과하는 사실이 있다. 구글의 자회사 딥마인드는 바둑에서 이세돌을 이긴 이후 두 가지 새로운 도전 과제를 제시했다. 하나는 전략 시뮬레이션 게임 '스타크래프트'에서 인간 최고수를 이기겠다는 것이었고, 다른 하나는 완전자율주행을 실현하겠다는 것이었다. 그런데 8년이 지난 지금까지도 딥마인드는 이와 관련된 진척 사항이나 후속 얘기를 꺼낸 적이 없다. 왜일까?

스타크래프트와 완전자율주행, 두 가지 과제에서 거듭 실패했기 때문이다. 그간 불가능한 것으로 여겨졌던 바둑에서 인간을 이겼으니 여세를 몰아 스타크래프트와 완전자율주행도 곧 달성할 것으로 생각했지만, 실제 결과는 전혀 그렇지 않았다. 바둑이 체스에 비해서 훨씬 복잡한 과제이긴 하지만 어쨌든 한정된 공간에서 정해진 룰로 진행되는 단순한 과제에 가깝다. 다양한 상황에서 다양한 과제를 동시에 수행해야 하는 실시간 전략 시뮬레이션 게임 스타크래프트 정도의 복잡성만 주어져도 AI는 무력한 존재가 된다는 얘기다. 그러다 보니 AI가 적용되어 곧 매출처가 될 것으로 기대받던 완전자율주행에서의 성과는 여전히 미진한 상태다.

최근 완전자율주행 개발의 한계를 깨닫고 투자를 축소 또는 철회하는 업체들의 움직임이 두드러지고 있다. 포드(Ford)와 폭스바겐(Volkswagen)이 공동 출자한 완전자율주행 소프트웨어 개발 업체 아르고 AI(Argo AI)는 사업을 중단했다. 애플은 완전자율주행 기능이 탑재된 전기차 '애플카' 사업을 철수하기로 결정했다. GM은 2023년 자회사 크루즈(Cruise)의 샌프란시스코 로보택시 면허를 반납함과 함께 관련 투자를 대폭 축소하기로 했다. 또한 현대차가 2조 5,000억 원의 자금을 투자한 미국의 완전자율주행 소프트웨어 개발회사 모셔널(Motional)은 경영상 심각한 위기에 직면해 있다.

한편 2023년 출시된 오픈AI(OpenAI)의 생성형 AI 서비스 챗GPT(chat GPT)가 꺼져가던 AI 불씨를 되살리는 역할을 하고 있다.

마이크로소프트(Microsoft)와 구글 등 빅테크 강자들은 생성형 AI 서비스에 대대적으로 투자하겠다고 약속했고, 이는 이들 업체에 AI용 칩을 제공하는 엔비디아의 주가 급등을 가져왔다. 국내에서도 HBM(High Bandwidth Memory, 고대역폭 메모리) 메모리 칩을 공급하는 SK하이닉스와 관련 반도체 장비인 TC 본더(TC Bonder)를 공급하는 한미반도체의 주가가 크게 상승했다.

그러나 문제는 이들 기업이 의미 있는 수준의 매출과 이익을 기록하지 못하고 있다는 것이다. 챗GPT 열풍을 불러일으킨 오픈AI의 2023년 연간 매출액은 고작 2조 원 수준에 불과하다. 챗GPT 답변 하나에 50센트의 비용이 드는 것으로 추산될 만큼 많은 비용 부담이 존재하여 2022년에만 7,000억 원의 적자를 기록했고, 2023년에는 적자 규모가 더 커졌을 것으로 추정된다. 이런 적자 구조를 벗어나기 위해 애플의 앱스토어를 모방한 GPT 스토어를 2024년 중 오픈할 계획이지만, 적자 압박에서 빨리 벗어나기 위한 설익은 기획이라는 비판이 쏟아지고 있다.

이차전지는 이처럼 꿈은 멋지지만 돈은 벌지 못하고 있는 AI의 상황과 정확히 정반대의 모습이다. 대한민국의 이차전지 산업 중 핵심 기업인 LG에너지솔루션과 에코프로비엠 등은 빠른 속도로 매출이 성장하고 있으며, 이익 또한 해마다 꼬박꼬박 발생하고 있다.

LG에너지솔루션은 2021년 매출 17조 9,000억 원에서 2022년

〈도표 5-5〉 LG에너지솔루션의 실적분석

주요재무정보	최근 연간 실적		
	2021.12 (IFRS 연결)	2022.12 (IFRS 연결)	2023.12 (IFRS 연결)
매출액(억 원)	178,519	255,986	337,455
영업이익(억 원)	7,685	12,137	21,632
당기순이익(억 원)	9,299	7,798	16,380
영업이익률(%)	4.30	4.74	6.41

자료: 네이버페이 증권

〈도표 5-6〉 에코프로비엠의 실적분석

주요재무정보	최근 연간 실적		
	2021.12 (IFRS 연결)	2022.12 (IFRS 연결)	2023.12 (IFRS 연결)
매출액(억 원)	14,856	53,576	69,009
영업이익(억 원)	1,150	3,807	1,560
당기순이익(억 원)	978	2,727	547
영업이익률(%)	7.74	7.11	2.26

자료: 네이버페이 증권

25조 6,000억 원, 2023년 33조 7,000억 원으로 각각 43%, 31%의 고속 성장을 기록 중이며 이익도 해마다 꾸준히 늘었다. 에코프로비엠 또한 2022년에는 전년 대비 260% 성장한 5조 4,000억 원, 2023년에는 28% 성장한 6조 9,000억 원의 매출을 기록했으며 매년 흑자 기조를 유지하고 있다. LG에너지솔루션 권영수 전 부회장이 언급한 대로, 이차전지 산업은 42.195킬로미터의 마라톤 여정

중에서 이제 겨우 4킬로미터 구간을 지나는 상태다. 앞으로 매출과 이익 규모가 큰 폭으로 성장하리라는 사실에는 의심의 여지가 없다.

즉, AI는 화려한 기대에도 불구하고 현재 매출 규모는 미약하고 적자 구조를 벗어나지 못하고 있으며 미래의 이익 발생 여부도 불확실하다. 이에 비해 이차전지는 현재의 매출 규모도 크며, 흑자 기조이고, 미래의 매출과 이익 규모는 더욱 빠르게 커질 것이 확실하다. 이런 이유로 AI는 버블이고, 이차전지는 구조적 성장을 동반한 혁명인 것이다.

소비자는 지갑을 열 것인가?

완전자율주행과 관련하여 나는 사람들에게 이런 질문을 하곤 한다.

"완전자율주행이 가능해졌다고 치고, 그 서비스를 사용하는 대가로 월 구독료를 얼마까지 지불할 의향이 있습니까?"

이 질문을 받으면, 대다수 사람은 일단 당황한다. 사람들은 대개 완전자율주행이 된다면 참 편하겠다는 정도만 생각하지 그 서비스를 돈 주고 사야 한다는 생각까지는 하지 않기 때문이다. 당연히 공짜로 주어지는 것으로 여기기 때문에 당황하는 것이다. 하지만 완전자율주행 서비스가 공짜라면 그 개발 업체들은 무엇으로 돈을 벌겠는가?

완전자율주행 관련 투자자 관점의 질문은 이러해야 마땅하다.

"출퇴근을 하는 동안 운전 대신 유튜브를 보거나 잠을 잘 수 있게 해주는 서비스에 당신은 얼마를 지불할 의향이 있습니까?"

이렇게 질문하면 사람들은 다양한 답변을 내놓는다. 그 서비스의 대가로 10~20만 원을 넘기지는 않겠다고 말하는 이들이 가장 많은 듯하고, "차라리 내가 직접 운전하고 말지 따로 돈을 내고 싶지는 않다"라고 말하는 사람도 상당하다. 이는 구현된다면 세상을 크게 바꿀 것만 같은 완전자율주행 서비스의 시장 규모가 생각만큼 크지 않으리라는 얘기다.

2023년 일대 센세이션을 불러일으킨 챗GPT나 바드(Bard) 등의 생성형 AI 서비스 또한 마찬가지다. 앞서 오픈AI의 2023년 매출 규모가 2조 원 정도에 불과하며 적자 규모가 전년보다 더 커졌을 것으로 추정된다고 이야기했다. 챗GPT의 답변 하나에 평균 50센트의 비용이 소요되는 반면, 소비자들이 이 서비스를 사용할 때 지불할 의향이 있다고 밝힌 금액은 이에 못 미치기 때문이다.

AI 산업의 최종 목표라고 할 AGI(Artificial General Intelligence, 인공일반지능)가 탑재된 로봇, 즉 인간처럼 사고하고 인간처럼 행동하는 로봇의 경우도 마찬가지다. 테슬라가 야심차게 목표치를 밝힌

옵티머스 프로젝트가 결국 성공했다고 가정해보자. 인간처럼 생각하고 행동하는 이 로봇의 원가는 얼마일까? 그리고 사람들은 그 로봇의 서비스를 이용하면서 원가 이상의 가격을 지불할 의향이 있을까? 테슬라는 생산원가를 과연 얼마나 줄일 수 있을 것이며, 이익이 충분히 발생할 만큼의 가격을 제시하여 소비자가 지갑을 열게 할 수 있을까? 나는 부정적이다.

SF 영화에는 늘 등장하는 장면이 있는데, 하늘을 나는 자동차가 그것이다. 코로나 버블 당시 조비 에비에이션(Jobi Aviation) 등 도심 항공 모빌리티 기업들이 크게 주목받은 적이 있다. 하지만 이들 기업은 아직까지도 이렇다 할 매출을 기록하지 못한 채 적자 구조에서 벗어나지 못하고 있는데, 그 이유는 앞의 사례들과 동일하다. 도심의 교통정체를 벗어나서 하늘을 날아 출퇴근한다는 생각은 정말 매력적이다. 하지만 그러기 위해 몇백만 원을 내야 한다면 과연 몇 명이나 이 서비스를 이용할까? 하늘을 나는 자동차는 지금의 기술 수준으로도 충분히 가능하다. 다만 너무 많은 비용이 들고 그 돈을 흔쾌히 내고자 하는 소비자가 적다는 것이 문제다.

이에 비해 이차전지에 대해서는 소비자들이 지갑을 활짝 열고 있다. 현재 이차전지의 가장 큰 사용처인 전기차는 5,000만 원에서 1억 원이 훌쩍 넘는 가격인데도 많은 소비자가 구매하고 있으며, 구매를 심각하게 고민하는 사람들도 점점 늘어나고 있다. 게다가 각국 정부에서 이산화탄소를 줄이고자 2035년 무렵을 목표로 내연기관차를 배제하고 순수 전기차만 판매하는 정책을 추진하고 있기 때문에 전기차를 살 수밖에 없는 상황이기도 하다.

이와 같이 소비자들은 AI 앞에서는 지갑을 열기를 주저하는 반면, 이차전지 앞에서는 선뜻 지갑을 열고 있다. 이런 이유로 AI는 버블이고, 이차전지는 구조적 성장이 담보되어 있는 혁명이다.

경제적 해자를 구축할 수 있을 것인가?

어떤 산업이 크게 성장하여 시장 규모가 빠르게 커지고 소비자들이 기꺼이 지갑을 열더라도 그 산업 내에 경제적 해자가 존재하지 않는다면, 관련 기업에 투자해서 만족할 만한 성과를 거두기 어렵다. 산업은 크게 성장하더라도 그 파이를 다수의 기업이 나눠 가지기에 기업이익의 성장으로 연결되지 못하기 때문이다. 따라서 산업의 경쟁 강도가 중요하고, 그 산업 내에서 경제적 해자를 가진 기업이라야만 장기 투자할 이유가 있다.

이런 관점에서 보면 AI 산업의 경쟁 강도는 너무나 강하고, 지금 선두 주자들 중에서도 엔비디아 등 극소수를 제외하면 강력한 경제적 해자를 가진 기업을 발견하기 어렵다. 이는 현재 AI 산업의 주요 기술인 딥 러닝(Deep Learning)에 한계효용 체감의 법칙이 작용되는 것과 관련이 깊다.

딥 러닝을 통한 AI의 성능 향상이 체증적이거나 직선적이기만 해도 먼저 학습을 시작한 AI 모델은 그 기술 격차를 계속 유지할 수 있기 때문에 먼저 시작했다는 사실이 경제적 해자로 작용할 가능성이 있다. 그러나 현실은 그렇지 않아서 학습량을 늘리면 늘릴수록 개선되는 정도가 점차 줄어드는 체감 현상이 작용한다. 따라서 기술적 우위가 점차 약화될 수밖에 없고, 이는 경제적 해자가 메워짐을 의미한다.

이를 단적으로 보여주는 예가 바로 AI 바둑대회다. 2016년 알파고가 이세돌을 꺾은 이후 많은 AI 바둑 프로그램이 개발됐다. 알파고는 바둑계에서 은퇴를 선언했지만, 중국 텐센트(Tencent)의 절예(絶藝), 벨기에 프로그래머 잔카를로 파스쿠토(Gian-Carlo Pascutto)가 개발한 릴라 제로(Leela Zero), 한국 한게임의 돌바람 등 다양한 바둑용 AI가 개발됐다. 만일 AI의 딥 러닝이 체증적이라면 후발 AI는 먼저 개발이 완료된 AI를 영원히 쫓아갈 수 없고, AI와 인간 간의 바둑 실력 격차는 점점 더 벌어질 것이다. 그러나 실제로는 이와 반대되는 결과가 나타나고 있다. 2016년 이후 AI와 AI 간의 바둑대회가 여러 곳에서 개최됐는데 실력 격차가 벌어지는 현상은 나타나지 않았다. AI와 인간 최고수의 실력 격차도 일정 수준에서 더는 벌어지지 않고 있다. 이는 딥 러닝의 한계효용이 체감적이라는 사실을 보여주며, AI 산업은 경제적 해자가 유지되기 어려운 구조임을 의미한다.

그렇기에 테슬라의 완전자율주행이 마치 애플의 아이폰처럼 하나의 표준이 되어서 현대차 등 레거시 업체들이 테슬라의 완전자율주행 소프트웨어를 사서 쓰는 일 따위는 발생하지 않을 것이다. 오픈AI의 챗GPT가 생성형 AI 시장을 석권하는 일도 일어나지 않을 것이다. 이는 이들 기업의 장기 수익성이 안정적으로 유지되기 어렵다는 뜻이다.

이에 비해 LG에너지솔루션, 에코프로비엠 등 대한민국의 이차전지 주력 기업은 확고한 경제적 해자를 가진다. 이차전지 관련 기술이 겉보기에 화려하진 않지만 경험이 많이 필요한 아날로그 기술의 결정체로, 한번 벌어진 격차는 좁혀지기가 아주 어렵다는 기술적 특성 때문이다.

화학 업계에선 '레시피(recipe)'라는 용어를 자주 사용한다. 요리에서 사용하는 바로 그 단어다. 전국에서 손님들이 몰려오는, 수십 년 역사를 자랑하는 유명한 칼국수 맛집을 상상해보자. 사실 그 칼국수에 특별한 재료가 들어가거나 하는 것은 아니다. 다만 주인아주머니가 수십 년간 그 일을 해오면서 경험으로 축적한 노하우가 존재하고, 이것이 미묘한 맛 차이를 만들어내는 것이다.

LG에너지솔루션과 에코프로비엠이 갖고 있는 기술적 우위가 바로 이런 것이다. 아날로그 기술은 수많은 경험의 누적으로 조금씩 축적되는 것이기에 아무리 많은 돈을 쏟아부어도 그 세월에서 오는 차이를 결코 극복할 수 없다. 이는 선점이 그만큼 강력한 경제적 해자로 작용함을 의미한다. 1993년부터 배터리를 개발해온 LG에너지솔루션과 20년 세월의 양극재 개발 역사를 가진 에코프로비엠의 경제적 해자는 장기간 유지될 가능성이 크다.

게다가 팻 도시의 경제적 해자 구성 요소 중에서 '전환비용'과 '원가 우위'가 크게 작용하는 분야가 이차전지 산업이다. 배터리는 워낙에 화재 등에 민감한 제품이어서 신규 양극재를 적용하는 데에는 테스트 기간만 5년 가까이 걸린다고 한다. 커다란 이변이 없는 한 에코프로비엠의 글로벌 선두 지위가 앞으로 5년간은 안정적으로 유지되리라는 얘기다. 자동차용 배터리는 최소 3년 전에는 결정되고, 일단 결정되면 대개는 바꾸기 어렵다. 이는 LG에너지솔루션의 배터리 업계 선두 지위가 적어도 2026년까지는 그대로 유지됨을 의미한다. 또한 배터리 산업은 대규모 장치산업으로, 규모의 경제를 이루고 광물 의존성 문제를 효율적으로 처리하려면 수직 계열화가 아주 중요하다. LG에너지솔루션과 에코프로비엠은 가장 빠르게 CAPA를 확대하면서 수직 계열화 작업을 착착 진행 중이므로 경제적 해자가 더욱 강화될 것이다.

이런 이유로 AI는 뉴 밀레니엄 시대의 닷컴버블과 같은 반면, 이차전지는 2008년 무렵부터 10여 년을 풍미한 모바일혁명과 같다고 결론 내리겠다. 지난 10여 년을 돌이켜보면 가장 성공한 투자자는 모바일혁명의 핵심 기업인 FAANG이나 MAGA(마이크로소프트·애플·구글·아마존, 세계 최고의 시가총액을 보유한 4대 기업) 등 빅테크 기업을 장기 보유한 사람들이었다. 앞으로 10년, 투자의 주인공은 AI가 아니라 이차전지다. '배터리 아저씨 8대 종목'에 장기 투자하는 것이 가장 우월한 투자 전략임을 나는 믿어 의심치 않는다. 부디 블링블링한 것에 현혹되지 말고 꾸준히 돈을 벌어들이는 대한민국의 이차전지 산업에 주목하길 바란다.

피해야 할 주식을 알면
사야 할 주식도 알 수 있다

버핏은 "10년 이상 보유하지 않으려면 단 10분도 보유하지 말라"라고 말했다. 10년은 아니더라도 당신이 투자를 염두에 두고 있다면 '투자의 최소 기간은 3년'이라는 사실을 잊지 말았으면 한다. 버핏의 표현을 조금 수정해서 "3년 이상 보유하지 않으려면 단 3분도 보유하지 말라"라고 얘기하고 싶다. 3년을 함께하려면 그 주식은 최소한의 '위대함'을 갖추고 있어야 하며, 많은 투자자가 '위대하다고 착각하는 주식'과 분명히 구별할 수 있어야 한다.

영원한 1등은 없다

사람들은 흔히 큰 규모의 기업이나 과거 주가 성과가 좋았던 기업, 절대 망하지 않을 것 같은 기업을 '블루칩', '우량 대형주' 등으로 부르며 안전한 투자 대상으로 여긴다. 하지만 엄청난 착각이다. 누구나 이름을 아는, 절대 망하지 않을 것 같은 대기업의 주식을 샀는데 주가가 하락하면 '망할 회사는 아니니 기다리면 결국 본전이올 것'이라는 막연한 믿음 아래 무작정 장기로 투자하는 사람들이 많다. 그렇게 비자발적 장기 투자 상태에 빠졌다가 결국 손해를 보고 판 다음에는 '대한민국 주식은 장기 투자하면 안 된다'라는 이상한 결론을 내리곤 한다.

〈도표 5-7〉은 2012년 시가총액 상위 10개 종목의 주가가 2022년에 어떻게 변동했는지를 정리한 것이다(9월 14일 기준). 2012년에 이들 주식을 사서 10년간 장기 보유했다면 어떤 결과를 맞이했을까? 10개 종목 중에서 삼성전자(+118%), 삼성전자우선주(+236%), LG화학(+111%)을 제외하곤 은행 이자보다 못한 성과를 거뒀을 것이다. 대형 우량주, 망하지 않을 기업이라고 무작정 장기 투자하는 것이 얼마나 위험한 일인지 잘 알 수 있다. 특히 현대자동차그룹(현대차, 현대모비스, 기아)이나 POSCO홀딩스 주주들의 상대적 박탈감은 대단했을 것이다.

〈도표 5-7〉 2012년 시가총액 상위 10개 종목의 10년 후 주가 수준

(단위: 원, %)

종목	2012년 주가	2022년 주가	등락률
삼성전자	26,020	56,800	118
현대차	234,500	198,500	−15
POSCO홀딩스	368,500	239,500	−35
현대모비스	307,000	214,000	−30
기아	73,400	80,300	9
LG화학	313,500	663,000	111
현대중공업	재상장했으므로 제외		
삼성생명	96,900	64,900	−33
삼성전자우	15,580	52,400	236
신한지주	36,000	35,400	−2

자료: 한국거래소

그러나 2002년부터 10년간 장기 투자한 경우라면 얘기가 완전히 달라진다(〈도표 5-8〉 참조). 여전히 삼성전자는 236%의 수익률로 좋은 성과를 거뒀지만, 현대차가 435%의 수익률로 그보다 훨씬 높은 상승률을 기록했다. 또한 포스코도 198%라는 꽤 좋은 성과를 달성했다.

지금으로부터 35년 전인 1988년으로 시선을 돌려보면 이런 '대형주 무작정 장기 투자'가 얼마나 위험한 일인지 더 잘 알게 된다(〈도표 5-9〉 참조). 1988년 시가총액 1위는 3조 4,700억 원을 기록한 포항제철(현재 POSCO홀딩스)이었고, 현재 압도적 1위 기업 삼성전

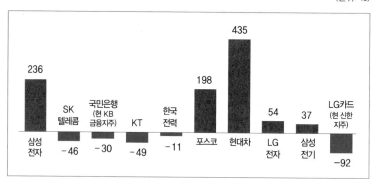

〈도표 5-8〉 2002년 시가총액 상위 10개 종목의 10년간 주가 변동

(단위: %)

자료: 한국거래소

〈도표 5-9〉 1988년 시가총액 상위 12개 종목

순위	종목	순위	종목
1	포항제철	7	대우
2	한일은행	8	현대건설
3	제일은행	9	대우증권
4	신탁은행	10	금성사
5	상업은행	11	유공
6	조흥은행	12	삼성전자

자료: 한국거래소

자는 1조 1,000억 원으로 1조 2,000억 원이던 금성사(현재 LG 전자)

보다 2단계 아래인 12위였다. 이들 시총 상위 12개 기업 중에 7개

사, 무려 58%가 상장폐지나 감자 등으로 보유 주식이 휴지 조각이

되고 말았다.

　비즈니스 세계에서 영원한 1등은 없다. 한때 증시를 호령했던

주식이 10년 뒤엔 쇠락하고, 대단하지 않았던 기업이 새롭게 최상위권에 등극하는 일이 되풀이된다. 10년이면 강산도 변한다는데 세상의 변화를 가장 빠르게 반영하는 주식시장이야 두말할 필요가 있겠는가. 세상은 늘 빠르게 변하고 그 변화에 빨리 대처하지 못하는 기업은 도태되는 것이 냉정한 비즈니스 세계다. 시가총액 상위 기업에 투자했다고 맘 편히 있어서는 안 되고 내가 투자한 그 기업에 일어나는 변화를 항상 유심히 관찰해야 하는 이유가 바로 이것이다.

성장하는 기업에 투자하라

이른바 '한국식 가치투자'를 지향하는 이들은 주식을 '성장주'와 '가치주'로 구분하고, 자신들은 성장주를 멀리하고 가치주에만 투자하는 진정한 가치투자자라는 식의 궤변을 늘어놓곤 한다. 하지만 애초에 주식을 성장주와 가치주로 분류한다는 것 자체가 "나는 투자에 문외한이요"라고 광고하는 것과 다를 바 없다.

스스로를 가치투자자로 일컫는 사람들이 금과옥조로 삼는 워런 버핏의 말을 다시 한번 새겨볼 필요가 있다. 앞서 소개한 것처럼, 버핏은 "가격은 당신이 지불하는 것이고, 가치는 당신이 얻는 것"

이라고 말했다. 가격을 지불하고 가치를 얻는 행위가 투자인데, 그럼 '가치주'란 도대체 무엇인가? 가치가 있는 주식이란 말인가? 그럼 성장주는? 성장주는 '성장만 있고 가치는 없는 주식'이란 뜻인가?

통상적으로 얘기하는 가치주는 SK텔레콤이나 KT, 각종 은행지주사 같은 저PER주, 저PBR주를 의미한다. 이들은 재무구조가 탄탄해서 망하지는 않을 기업이고 배당률이 높지만, 시장의 관심에서 소외되어 있기 때문에 주가 변동폭이 적다. 즉, 성장이 정체되거나 쇠퇴하고 있는 주식이라고 볼 수 있다.

대부분의 산업은 '도입기 - 성장기 - 성숙기 - 쇠퇴기'라는 수명 주기를 갖는다. 이는 사람이 태어나서 자라고 성숙하고 노쇠하는 것처럼 자연의 이치에 가깝다. 지금의 많은 성숙 산업이 과거에는 모두 성장 산업이었다. 1920~1930년대 세계 최고의 성장 산업은 자동차 산업이었고, 1960년대에는 나일론을 생산하는 코오롱이 최고의 성장 기업이었다. 철강을 만드는 포항제철이 1980년대에 그 바통을 이어받았으며, 1980년대부터 시작된 IT 산업의 융성과 더불어 반도체 산업이 급성장했다. 과거에 성장 산업이었던 섬유나 철강 산업이 지금은 성숙 산업이 된 것처럼 반도체 산업 또한 성숙기를 맞이할 수밖에 없다.

'화무십일홍 권불십년(花無十日紅 權不十年)'이라고 했다. 열흘 피

〈도표 5-10〉 산업의 수명 주기

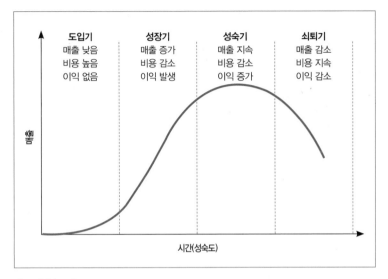

자료: 레이먼드 버논

는 꽃 없고 10년 가는 권력 없듯이, 비즈니스 세계도 마찬가지다. 영원히 성장하는 산업도, 영원히 성장하는 기업도 없다. 그런데 이런 주식을 사놓고 오르기를 기다리다가, 오르지 않으면 시장이 왜곡됐다면서 시장 탓을 한다. 그러면서도 자신들이 마치 워런 버핏이나 피터 린치의 수제자인 것처럼 굴고 있으니 그야말로 한심한 노릇이다. 워런 버핏은 '매년 성장을 거듭하는 위대한 기업'에 투자하라고 말했고, 피터 린치는 '빠르게 성장하는 중소형 기업', 즉 10루타 종목을 다수 발굴해서 마젤란 펀드의 신화를 이룩했다. 버핏과 린치 둘 다 이른바 '가치주'는 거들떠본 적도 없는데 이를 한국식 가치투자자를 자처하는 이들이 왜곡하여 투자자들을 오도하고 있다.

'싼 게 비지떡'이라는 말이 있다. 싼 비지떡은 싼 게 아니라 그냥 제 가치만큼 값을 받을 뿐이다. 싼 게 황금이어야 싼 것이다. 투자에서 황금이란 '매년 성장하는 기업'이다. 황금을 싸게 사야 훌륭한 투자이지 비지떡을 백날 싸게 사봐야 무슨 소용이겠는가. 이런 이치로 저PER주는 그냥 PER이 낮은 주식일 뿐, 저평가된 주식도 싼 주식도 아니라는 사실을 이해하는 것이 중요하다. PER이 낮은 것은 그 기업이 '비지떡' 같은 기업이기 때문일 수 있다.

내가 증권사 PB 시절부터 고객들에게 늘 하던 얘기가 있다. "주식 사는 것을 콩나물 사듯이 하시면 안 됩니다." 1,000원 하던 콩나물이 500원 하면 싼 거다. 잽싸게 사야 할 것이다. 그러나 주식은 전혀 그렇지 않다. 콩나물과 달리 기업의 가치는 늘 변하기 때문이다. 고성장 주식은 높은 PER을 받는 것이 당연하며, 저성장 주식은 같은 이치로 낮은 PER을 받게 된다. 그런데 3장에서도 이야기했듯이, 고성장세를 구가하는 중이어서 높은 PER을 받다가 저성장 기업으로 바뀌면 PER이 낮아지면서 주가가 급락하는 가장 위험한 순간을 맞게 된다. 반토막이 난 주식을 들고 하염없이 상승을 기도하는 '비자발적 장기 투자'가 얼마나 위험한 것인지를 꼭 이해했으면 좋겠다.

10루타 주식을 위한
필수 원칙

가격은 기대와 실제의 괴리에서 결정된다

투자의 본질은 실로 단순하다. 피셔와 버핏이 한목소리로 말했듯이 '위대한 기업을 적정한 가격에 사는 것'이라고 정의할 수 있다. 위대한 기업이란 '매년 주당순이익이 빠르게 성장하는 기업'을 말하며, 그런 기업을 찾아냈다면 적정한 가격을 지불하고 사기만 하면 된다.

당신이 진정으로 위대한 기업, 매년 주당순이익이 빠르게 성장하고 그 기간이 영원에 가까운 기업을 잘 선택했다면 가격은 부차적이다. 너무 과한 가격만 지불하지 않으면 괜찮다. 혹여 약간 비싼 가격을 지불했다고 하더라도 시간이 지나면 그 가격보다 훨씬 더 높아져 있을 테니 속상해할 필요 없다. 다행히 적정한 가격 혹은 충분히 낮은 가격에 샀다면, 투자 수익이 기하급수적으로 늘어나서 당신의 인생을 크게 바꿔줄 것이다. 이런 점에서, 위대한 기업의 적정한 가격을 알아내는 것은 부차적이긴 하지만 중요하지 않은 것은 아니다.

피터 린치는《전설로 떠나는 월가의 영웅》에서 '10루타 종목'의 중요성을 여러 번 언급했다. 당신이 5개 종목으로 포트폴리오를 구성한다고 했을 때 그중 단 한 종목만 10루타를 기록하면 나머지 종목이 하나도 안 오르더라도 '0.2×1,000 = 200%'의 수익률을 기록하여 재산이 2배로 불어날 것이다. 반면 그저 그런 주식을 싸게 사는 데 주력하고 그 결과도 성공적이어서 5개 종목이 모두 50%씩 오르는 멋진 성과를 기록하더라도, 당신의 재산은 50% 증가하는 데 그치게 된다. 왜 위대한 기업이 더 우선인지, 10루타 종목을 찾는 게 왜 중요한지 이해가 됐으리라. 위대한 기업을 적정한 가격에 혹은 여러 이유로 저렴하게 샀을 때만 10루타가 가능하고, 평생에 걸쳐 이런 10루타 종목 몇 개만 찾아내도 인생이 크게 바뀔 수 있다.

서재형 대표는 주식 투자를 '장래 기업이익에 대해 기대감이 커질지 아닐지를 맞히는 게임'으로 정의했다. 주가를 움직이는 것은 이익 자체라기보다는 이익에 대한 시장 참여자들의 기대감이라는 사실을 꿰뚫는 말이다. 결국 주가는 그 기업의 향후 이익에 대한 시장의 기대치와 추후 드러나게 될 실제치와의 차이에 따라 결정된다고 볼 수 있다. 실제치가 시장의 기대치보다 더 좋다면 주가는 올라갈 것이고 반대라면 주가는 내려갈 것이다.

분기 실적 발표 시즌에 자주 나오는 '어닝 서프라이즈(earning surprise)'와 '어닝 쇼크'라는 말을 많이 들어봤을 것이다. 어닝 서프라이즈는 시장의 기대치보다 실제치가 더 나은 경우를 말하고, 그 기업의 주가는 상승한다. 어닝 쇼크는 시장의 기대치에 못 미친 실적을 발표한 경우로 주가는 하락하는 게 보통이다. 기대와 실제 간의 괴리가 주가를 움직인다는 것을 잘 보여주는 예다.

앞서도 말했듯이, 위대한 기업이 적정한 가격에 거래된다는 것은 그 기업에 대한 시장의 평가에 실제 그 기업의 우수성이 정확히 반영됐다고 할 수 있을 것이다. 적정한 가격보다 낮은 가격에 거래된다는 것은 그 기업의 위대함을 시장 참가자들이 제대로 알지 못하는 상황일 것이며, 적정한 가격 이상일 때는 그 기업을 시장이 과대평가하고 있을 때다. 우리가 노려야 할 매수 시점은 위대한 기업이 시장에서 과소평가될 때다.

2022년 여의도에는 '중국의 배터리 기술이 한국보다 우월하다'라든지 '중국의 물량 공세 때문에 한국 배터리 산업은 고전을 면치 못할 것이다' 등의 잘못된 정보가 광범위하게 퍼져 있었다. 이는 역설적으로 에코프로, 에코프로비엠, POSCO홀딩스 등 위대한 기업을 싸게 살 절호의 기회를 제공한 셈이 됐다. 2023년 들어 그런 잘못된 정보의 상당 부분이 바로잡혔지만, 아직도 '아집과 고집'에 빠져 있는 여의도의 가짜 전문가들 탓에 이들 기업의 위대함이 100% 반영된 것은 아니다. 이는 이들 위대한 기업을 2022년만큼은 아니지만 여전히 저렴한 가격에 살 기회라는 것을 의미한다.

시장이 편견과 오해에 빠졌을 때가 기회

투자란 1,000원짜리가 때론 100원에 팔리기도 한다는 것을 인식하는 데서부터 출발한다. '1,000원짜리를 100원에 판다고? 말도 안 돼!'라는 생각이 당연히 들 것이다. 실제 그런 일은 있을 수 없다고 생각하는 사람이 다수이고, 이를 경제학에서는 '효율적 시장 가설(Efficient Market Hypothesis, EMH)'이라고 한다. 여의도에서 좋은 양복에 넥타이 매고 뽐내는 사람들 대부분이 대학교 때 이런 이론을 진지하게 배웠을 테고 이를 이념적 기반으로 수조 원, 수십조 원, 수백조 원에 달하는 펀드를 운용하고 있다.

버핏이 1984년 《증권분석》 발간 50주년 기념 연설에서 말했듯이, 시장이 늘 효율적이라면 그는 굶어 죽었을 것이다. 그러나 굶어 죽기는커녕 지금 세계에서 가장 큰 부자 대열에 속하는 걸 보면 '1,000원짜리가 여전히 가끔은 100원에 팔리기도 한다'는, 다시 말해 시장이 늘 효율적이지는 않다는 것을 알 수 있다.

'시장이 늘 효율적인 건 아니다'에서 '늘'이 중요하다. 시장이 '언제나 효율적'이라면 투자를 통해 큰 부를 일굴 기회는 존재하지 않을 것이다. 나중에 1,000원이 될 것을 100원에 파는 일 따위는 아예 없을 테니 말이다. 시장이 '언제나 비효율적'이라고 해도 문제다. 내가 1,000원짜리를 100원에 샀더라도 영원히 100원에 머물러 있을 테니 말이다.

결국 투자에는 '시장은 가끔 비효율적이지만 장기로는 효율적이다'라는 믿음이 필요하다. 가끔 가격이 잘못 매겨질 때 사서 기다리면 장기로는 효율적이어서 제 가치를 찾아가니 그 과정에서 큰돈을 벌 수 있다. 그래서 투자의 최소 기간을 3년으로 잡는 것이다. 경험상 일시적으로 비효율적인 시장이 효율성을 찾아서 제 가격을 매기는 데 3년은 걸리는 경우가 꽤 있었기 때문이다.

그러면 어떤 경우에 시장은 가끔 비효율적이어서 제 가치보다 훨씬 낮은 가격을 매기게 될까? 시장이 심각한 '오해와 편견'에 빠져 있을 때다. 시장에 지대한 영향력을 미치는 이른바 큰손들, 큰 스피커들, 대형 증권사들이 한결같이 잘못된 생각을 공유할 때 시장은 심각한 오해와 편견에 빠질 가능성이 커진다. 이런 일이 2022

년 한국 증시에서 주요 이차전지 종목을 두고 벌어졌다.

2021년 1월 14일 미래에셋그룹 박현주 회장은 자사의 유튜브 공식 채널 〈미래에셋 스마트머니〉를 통해서 전기차와 이차전지 산업에 대한 견해를 밝혔는데, 골자는 다음과 같다.

- 테슬라는 세계 최고의 혁신 기업으로 전기차와 자율주행 시장을 석권할 것이다.
- 중국 CATL이 대한민국 LG에너지솔루션을 누르고 세계 최고의 배터리회사가 될 것이다.
- 중국의 LFP 배터리가 대한민국의 삼원계 배터리를 누르고 표준이 될 것이다.

미래에셋증권은 대한민국에서 가장 큰 증권사이고 이를 일군 입지전적인 인물이 박현주 회장이다. 그러니 그의 발언이 좁디좁은 여의도에 엄청난 영향력을 미쳤으리라는 점은 굳이 더 얘기할 필요가 없을 것이다. 2022년 초 주식회사 금양의 IR을 맡아 여의도 관계자들을 만났는데, 많은 이들이 박현주 회장의 견해를 의심 없이 받아들이고 맹신하고 있어서 경악을 금치 못했다.

이후 이차전지 산업에 대한 이런 오해를 바로잡기 위해 '진실, 성실, 절실'의 자세로 정말 열심히 노력했다. 그 과정과 결과는 이

책을 읽는 사람이라면 익히 알고 있을 테니 길게 설명하지는 않겠다. 요점은 주요 이차전지 종목에 대해서 2022년도 내내 여의도가 심각한 오해와 편견에 빠져 있었고, 이것이 10루타 종목이 다수 발생하게 하는 조건으로 작용했다는 것이다.

그렇다면 여의도의 이런 오해와 편견이 지금은 완벽히 해소됐을까? 완벽히 해소됐다면 이들 위대한 기업의 주가는 적정 가격에 도달해 있을 것이고, 아직 완벽히 해소되지 않았다면 여전히 적정 가격 아래에 있다고 판단할 수 있을 것이다. 그 답이야 굳이 말하지 않더라도 다들 잘 알 것으로 믿는다.

공포에 사고 탐욕에 팔라

위대한 기업을 적정한 가격 아래에서 살 수 있는 또 하나의 좋은 기회는 시장이 공포에 질렸을 때다. 증시는 늘 과민 반응하는 조울증 환자와도 같다. 그레이엄은 이를 '미스터 마켓(Mister Market)'이라는 이름으로 의인화했고, 워런 버핏이 이 이야기를 주주 서한에서 다음과 같이 들려 주었다.

—— 미스터 마켓이 당신에게 제시하는 가격은 들쭉날쭉합니다. 안

타깝게도 이 친구는 불치의 정서질환에 걸렸기 때문입니다. 때로는 행복감에 젖어 사업의 긍정적 요소만을 바라봅니다. 이렇게 기분 좋을 때는 매우 높은 가격을 부릅니다. 당신이 자신의 지분을 헐값에 낚아채서 막대한 이익을 빼앗아 갈까 봐 두렵기 때문입니다. 반면에 때로는 우울해져서 사업에 다가오는 난관만을 바라봅니다. 이럴 때는 매우 낮은 가격을 부릅니다. 당신이 지분을 자신에게 팔아넘길까 봐 두렵기 때문입니다.

위대한 기업을 적정 가격보다 싸게 사려면 어떻게 해야 할까? 미스터 마켓이 몹시 우울해져서 매우 낮은 가격을 제시할 때 매수하는 것이다. 그래서 버핏은 "남들이 탐욕을 부릴 때 두려워하고, 남들이 두려워할 때 탐욕스러워져라"라고 얘기했다. 시장이 우울증에 빠져서 마구 낮은 가격을 제시할 때는 당연히 대부분 사람이 공포와 패닉에 빠졌을 때이기 때문이다.

시장이 급락한다는 것은 증시에 위험이 다가왔다는 것을 의미한다. 마치 망망대해로 떠난 동인도회사의 배에 풍랑이나 태풍, 해적이 들이닥쳤다는 소식과 마찬가지다. 애초에 당신이 신중히 고르고 골라서 '위대한 선장과 튼튼한 배, 훌륭한 선원'에 투자했다면 이런 위험이 닥쳤다고 하더라도 걱정할 이유는 없을 것이다. 그들 위대한 기업은 과거에 늘 그래왔듯이 이번의 위기도 멋지게 극복하고 아시아의 귀중한 물건을 잔뜩 싣고 희망봉을 지나 암스테르담항으로 돌아올 것이고, 머지않아 당신은 부자가 될 것이다.

불황은 위대한 기업에 축복이다. 불황을 견디지 못해 경쟁 업체가 문을 닫으면 그 몫까지 차지할 수 있기 때문이다. 과거에 위대했던 기업 삼성전자의 성장 스토리가 바로 그러했다. 반도체 산업이 불황기에 접어들 때마다 삼성전자의 주가 또한 하락했지만, 더 위대한 기업이 될 좋은 기회였다. 반도체 불황기가 깊어지면 일본과 대만의 경쟁 업체 몇 개가 문을 닫고 이후 다시 호황기가 도래할 때 삼성전자는 그들의 시장까지 차지해 더 크게 성장하곤 했다. 수십 개에 달하던 D램 제조회사가 단 3개로 재편되고 여기서 1등의 자리를 확고히 한 것이 지난 20여 년간 삼성전자 주가가 수백 배 오른 바로 그 스토리다. 안목을 갖춘 투자자들은 그런 기업을 일찌감치 선점하여 큰 수익을 냈다.

증시 전반의 문제가 아니라 이런 위대한 기업들이 개별적인 악재를 만나 주가가 급락할 때도 있다. 이런 일시적, 돌발적인 악재는 위대한 기업을 아주 싸게 살 수 있는 절호의 기회를 제공한다. 에코프로는 2022년 1월 공장 화재와 이동채 회장이 내부자 거래로 입건되는 등의 악재를 연달아 맞이했다. 당시 주가가 급락하여 2월 7일에는 6만 3,500원까지 갔다. 하지만 이후 1년 반 만에 무려 24배나 오르는 기염을 토했다. 악재로 가격이 싸진 그때가 인생을

〈도표 5-11〉 에코프로(주봉, 2021~2023)

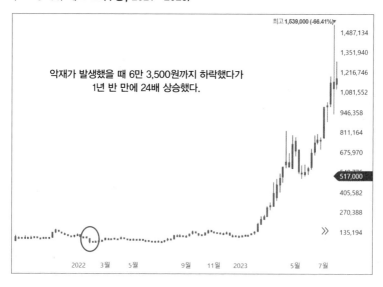

최고 **1,539,000** (-66.41%)▼

악재가 발생했을 때 6만 3,500원까지 하락했다가
1년 반 만에 24배 상승했다.

1,487,134
1,351,940
1,216,746
1,081,552
946,358
811,164
675,970
517,000
405,582
270,388
135,194

2022   3월   5월   9월   11월   2023   5월   7월

바꿀 절호의 기회였던 셈이다.

POSCO홀딩스에도 비슷한 일이 있었다. 2022년 태풍 힌남노가 포항에 있는 POSCO홀딩스 철강 공장을 덮쳤고, 침수 때문에 반년 가까이 공장을 가동하지 못하게 됐다. 이 악재로 당시 주가는 21만 1,000원까지 내려갔고, 에코프로의 사례와 마찬가지로 절호의 매수 기회를 제공했다. 이후 주가는 1년도 지나지 않아 262% 상승했다.

〈도표 5-12〉 POSCO홀딩스(주봉, 2021~2023)

힌남노 사태로 21만 1,000원까지 하락했다가
1년도 안 돼 262% 상승했다.

위대한 기업을 적정 가격에 사는 방법

당신이 위대한 기업에 투자하고 있다면 어떤 돌발 이벤트가 발생하더라도 안심하고 잠을 잘 수 있다. 위대한 선장과 튼튼한 배, 그리고 훌륭한 선원들은 늘 그랬듯 위기를 잘 헤쳐나갈 것이다. 그런 위기에 제대로 대처하지 못한다면 애초에 위대한 기업이 될 수 없을 테고 말이다.

위대한 기업을 적정한 가격 혹은 그 이하에 사는 행동 요령은 다음과 같다.

- 위대한 기업을 신중히 고르라.
- 적정한 가격이라면 물린다는 각오로 과감히 사라.
- 그 기업의 개별 악재나 증시 전체가 폭락해서 다들 패닉에 빠졌을 때, 그 공포를 안고 손을 덜덜 떨면서 더 사라.

실로 간단하지 않은가? '공포에 사고 탐욕에 팔라.' 부자가 되는 비법은 이렇듯 단순하다. 하지만 말은 쉬우나 실천은 어렵다. '적게 먹고 많이 운동하는 것'이 다이어트의 비법임을 모르는 사람이 있을까? 알지만 실천이 어려운 것이다. 남들이 다 공포에 떨 때 나 또한 두렵고, 남들이 다 떼돈을 벌 때 나 또한 욕심이 더 나는 것이 인지상정이기 때문이다. 그러나 어렵기 때문에 그만큼 가치가 있는 일이다. '공포에 사고 탐욕에 파는 것'은 반복된 훈련을 통해 몸에 자연스레 체득해야 한다. 가슴 깊이 새기고 여러 번 거듭 실천하다 보면, 유명 기타리스트의 손가락에 굳은살이 박이듯이 당신의 마음속에도 '굳건한 굳은살'이 자리 잡아 공포의 와중에도 저절로 손이 나가는 경지에 도달할 수 있을 것이다. 그렇게 될 때까지 열심히 훈련하고 실천하시길 바란다.

조화와 균형이 투자의 핵심

책을 쓰는 내내 부처님의 '중도'에 대한 가르침이 떠올랐다. 지금 여의도에는 양극단만이 존재하기 때문이다. 한쪽 극단에는 저PER·저PBR주를 사놓고 스스로를 '버핏과 린치의 후예'라고 일컫는 이른바 '가치주 투자자'들이 있고, 그 반대편에는 밸류에이션 따위는 안중에도 없고 현재 시장에서 가장 핫한 테마만을 쫓는 이른바 '성장주 투자자'들이 있다.

가치주 극단에서는 "주식은 무조건 싼 게 좋은 것이고, 성장성이 높더라도 고PER주를 사는 것은 위험천만한 행동"이라며 다른 쪽을 힐난하고, 성장주 극단에서는 "주가는 그 자체가 중요한 것이지 밸류에이션 따위는 고리타분한 얘기"라며 반대편을 비난한다.

개인 투자자들은 양극단의 가르침 사이에서 길을 잃고 어쩔 줄

몰라 헤맨다. 가치주 극단의 가르침을 따라 저PER주를 사놓았더니 끝도 없이 소외되고, 성장주 극단의 가르침을 좇아 한창 잘 오르는 종목을 따라 샀더니 고점에 물려서 오도 가도 못 하는 신세가 된다.

그렇다고 '나는 정의로운 투자자니까 투기적 접근은 절대 하지 않겠어'라는 식의 접근도 바람직한 건 아니다. 서재형 대표는 큰 금액은 투자 계좌로 장기 보유하고 적은 금액은 투기 계좌로 사고팔기를 병행한다고 한다. 물론 큰 수익은 투자 계좌에서 나오지만 투기 계좌에서의 거래를 통해 시장의 움직임을 파악하고, 일정 부분 재미도 느끼며, 그 과정에서 투자 계좌로 옮겨 투자할 대상을 발견하기도 하는 등으로 활용한다는 것이다. 이런 식의 접근법도 바람직하지 않을까 싶다. 투자와 투기 계좌를 분리하여 투자 계좌는 투자 관점으로, 투기 계좌는 투기 관점으로 접근하는 방법이다. 지나고 보면 결국 좋은 투자가 좋은 투기로 연결되고 좋은 투기 또한 좋은 투자로 연결될 수 있다는 것을 알게 될 것이다.

한 종목을 사서 장기간 보유하는 것으로 잘 알려져 있는 워런 버핏도 그 기간에 아무런 매매도 하지 않는 것은 아니다. 단기 급등했을 땐 일부 팔아서 현금을 확보했다가 급락장에서 더 싸게 사는 식의 매매를 병행한다. 주식 투자에만 올인하는 것도 아니고 채권이나 전환사채, 전환 우선주 같은 대체 투자에도 일가견이 있으며, 무

위험 상태에서 소소한 이익을 노리는 차익거래도 적극 활용한다.

세상은 0과 1로 이뤄져 있지 않다. 지나친 흑백논리는 유연한 사고를 망치고 결국 자신에게 해를 끼친다. 정말 현명한 사람은 늘 조화와 균형을 가장 중요하게 여기며, 주식 투자에서도 다르지 않다.

버핏의 가르침을 다시 한번 떠올려보자.

"위대한 기업의 주식을 적정한 가격에 사서 별일 없으면 평생 보유하라."

위대한 기업이란 성장성과 관련된 얘기이고, 적정한 가격이란 가치와 관련된 얘기다. 즉 성장성의 가치를 얼마만큼 줄 것인가에 관한 얘기가 되고, 이것이 밸류에이션의 핵심이다. 결국 성장과 가치를 서로 대립하는 개념으로 여기는 것이 아니라, 양자 간의 조화와 균형을 찾는 것이 투자에서 핵심이 아닐까 생각해본다. 이 책이 그런 안목을 키우고자 하는 분들에게 자그마한 보탬이 된다면 더 바랄 나위가 없겠다.

배터리 아저씨의 주식 투자 성공 제1원칙

밸류에이션을 알면 10배 주식이 보인다

제1판 1쇄 발행 | 2024년 5월 31일
제1판 3쇄 발행 | 2024년 6월 5일

지은이 | 박순혁
펴낸이 | 김수언
펴낸곳 | 한국경제신문 한경BP
책임편집 | 박혜정
교정교열 | 공순례
저작권 | 박정현
홍 보 | 서은실·이여진·박도현
마케팅 | 김규형·정우연
디자인 | 장주원·권석중
본문디자인 | 디자인 현

주 소 | 서울특별시 중구 청파로 463
기획출판팀 | 02-3604-590, 584
영업마케팅팀 | 02-3604-595, 562   FAX | 02-3604-599
H | http://bp.hankyung.com   E | bp@hankyung.com
F | www.facebook.com/hankyungbp
등 록 | 제 2-315(1967. 5. 15)

ISBN 978-89-475-4956-1 03320